一句话笑

学习幽默技巧

少儿启蒙
悦读版

我的第一本
笑话书

全世界孩子都喜欢的
99×2 个幽默笑话

张志英 编著

笑口常开
笑话连篇

中国纺织出版社

内 容 提 要

让孩子快乐成长，开心每一天，是每个家长和老师殷切的希望。多读、多讲有益的笑话，不仅能够培养孩子的语言能力，还能够培养孩子的自信与开朗的性格。本书从孩子的视角出发，精选孩子喜闻乐见的笑话故事汇编成书，让孩子的童年有更多欢笑、更多乐趣。

图书在版编目（CIP）数据

我的第一本笑话书/张志英编著 . —北京：中国纺织出版社，
2010.11（2020.8 重印）

ISBN 978 - 7 - 5064 - 6860 - 2

Ⅰ.①我… Ⅱ.①张… Ⅲ.①儿童文学—笑话—作品集—世界 Ⅳ.①I18

中国版本图书馆 CIP 数据核字（2010）第 183961 号

策划编辑：曲小月　责任编辑：赫九宏　江飞　责任印制：周强

中国纺织出版社出版发行

地址：北京市朝阳区百子湾东里 A407 号楼　邮政编码：100124

销售电话：010—67004422　传真：010—87155801

http：//www. c - textilep. com

E-mail：faxing@ c - textilep. com

中国纺织出版社天猫旗舰店

官方微博 http：//weibo. com/2119887771

三河市双升印务有限公司印刷　各地新华书店经销

2010 年 11 月第 1 版　2020年8月第6次印刷

开本：710×1000　1/16　印张：13

字数：106 千字　定价：23.80 元

凡购本书，如有缺页、倒页、脱页，由本社图书营销中心调换

前 言

对于笑话，小朋友们应该都不陌生。概括地讲，笑话就是让人觉得好笑的短句或小故事。笑话的篇幅一般都比较短小，故事情节简单而巧妙，往往出人意料。

笑话来源于生活，具有讽刺性和娱乐性。几乎所有笑话都由两部分组成：第一是笑话开头，第二是笑点。笑点就是一个意想不到，或是与现实完全相反的情节，是笑话最重要的部分。笑点能不能让听众感到好笑，将成为这个笑话能否成功的关键。

笑话除了引人发笑之外，往往还蕴涵着一定的道理并具有教育意义。小朋友们多看笑话，对增长知识、开启智慧、提高幽默感、培养综合素质都是十分有益的。

让孩子快乐成长，开心每一天，是每个家长和老师殷切的希望。英国著名诗人德莱顿有一句名言："如果一根稻草能引人发笑，那么它就成了一种制造幸福的仪器。"本书就是一根为孩子们制造幸福的稻草。有益的笑话，能够培养孩子的自信与开朗的性格，而这种性格正是决定孩子能否幸福一生的关键。本书从孩子的视角出发，精选孩子喜闻乐见的笑话，在每一则笑话结束后，设置了"读笑话学知识"栏目，目的就是寓教于乐：让孩子在快乐中学习，在学习中快乐。

一个笑话，让人轻松；一句幽默，启迪心灵。在笑声中成长，在笑声中感悟人间的真善美，愿小朋友们都能成为真正的小幽默家。

编著者

2010 年 7 月

目 录
CONTENTS

一、我是调皮鬼

1. 日历不能撕 / 1
2. 未来尿床了 / 2
3. 给妈妈的礼物 / 3
4. 替我拿胡桃 / 4
5. 不打自招 / 5
6. 捡钱 / 6
7. 数狗牙 / 7
8. 恍然大悟 / 8
9. 小猫 / 9
10. 巧克力汽车 / 10
11. 大的没有睡 / 11
12. 小小探险家 / 12
13. 没有做功课 / 13
14. 进步真快 / 14
15. 休息一会儿 / 15
16. 星星会闪 / 16
17. 虫妈妈搂来了 / 17
18. 你认为呢 / 18

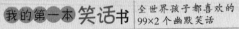

全世界孩子都喜欢的
99×2 个幽默笑话

19. 小神枪手 / 19
20. 我要摸太阳 / 20
21. 红烧鱼 / 21
22. 手电筒 / 22
23. 老师给了 / 23
24. 金鱼的坟墓 / 24
25. 游击队员 / 25
26. 锯开 / 26
27. 自作聪明 / 27
28. 拿破仑的椅子 / 28
29. 借书 / 29
30. 丢失的钱包 / 30
31. 应该上电视 / 31
32. 目送 / 32
33. 滑冰 / 33

二、小小·恶作剧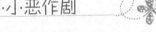

1. 爸爸不在家 / 34
2. 刚去过动物园 / 35
3. 像绅士一样 / 36
4. 假扮爸爸 / 37
5. 按门铃 / 38
6. 看戏 / 39
7. 狗洗澡 / 40

8. 接电话 / 41

9. 试验 / 42

10. 用抹布 / 43

11. 挣钱 / 44

12. 我看看 / 45

13. 毒西瓜 / 46

14. 玩笑 / 47

15. 抽象画 / 48

16. 啰嗦的请假条 / 49

17. 好客的笨笨 / 50

18. 不是我的外套 / 51

19. 亲自体验 / 52

20. 咖啡壶在海底 / 53

21. 火车什么时候进站 / 54

22. 买雪糕 / 55

23. 大街上叫喊的人 / 56

24. 妖怪 / 57

25. 投稿 / 58

26. 一人分一个 / 59

27. 爸爸在梯子上 / 60

28. 看门 / 61

29. 称一称您儿子 / 62

30. 心痛 / 63

31. 日行一善 / 64

32. 插座插头 / 65

我的第一本 笑话书 全世界孩子都喜欢的 99×2个幽默笑话

三、超级话榜

1. 太阳钻进西瓜里 / 66
2. 半个月亮 / 67
3. 五个字 / 68
4. 反义词 / 69
5. 两种可能 / 70
6. 直升机很热 / 71
7. 指挥在干什么 / 72
8. 什么风可怕 / 73
9. 吃鸡能下蛋吗 / 74
10. 牛会抽烟吗 / 75
11. 别怕,我没带枪 / 76
12. 傻瓜能不能吃 / 77
13. 头发与智慧 / 78
14. 谁知道得多 / 79
15. 换个称呼 / 80
16. 吃啥补啥 / 81
17. 差一点 / 82
18. 太阳公公和狼外婆 / 83
19. 油漆未干 / 84
20. 电线杆子跑得快 / 85
21. 吹牛 / 86
22. 吃菠菜 / 87
23. 脑子只有一个 / 88
24. 太阳胆子小 / 89

25. 医生 / 90

26. 食指 / 91

27. 猴子越来越少 / 92

28. 爸爸五岁了 / 93

29. 鱼淹死了 / 94

30. 大象最好看 / 95

31. 借气筒 / 96

32. 思想者 / 97

33. 爸爸杀死了死海 / 98

34. 汽车救生圈 / 99

35. 男士和女士 / 100

四、笑死人的校园生活

1. 最短的作文 / 101

2. 老师迟到了 / 102

3. 课堂问答 / 103

4. 老师的评语 / 104

5. 母鸡的年龄 / 105

6. 最难办的事 / 106

7. 问答 / 107

8. 行为不礼貌 / 108

9. 缺点 / 109

10. 这就叫懒惰 / 110

11. 鹦鹉和画眉 / 111

12. 罚款制 / 112

13. 猜错了 / 113

我的第一本笑话书　全世界孩子都喜欢的
99×2个幽默笑话

14. 单数和复数 / 114

15. 以牙还牙 / 115

16. 名字不是抄的 / 116

17. 我教老师 / 117

18. 点蜡烛看电视 / 118

19. 猪的用处 / 119

20. 章鱼的手脚 / 120

21. 监考老师不同 / 121

22. 扑朔迷离 / 122

23. 六次战争 / 123

24. 发电站和猫 / 124

25. 惩罚 / 125

26. 历史在重演 / 126

27. 妙答 / 127

28. 只求一件事 / 128

29. 恰巧 / 129

30. 补课 / 130

31. 地摊货 / 131

32. 那个人就是我 / 132

33. 文盲 / 133

五、快乐家庭

1. 喂蚊子 / 134

2. 翻跟头 / 135

3. 我也跟你结婚 / 136

4. 儿子的同情 / 137

5. 快叫爸爸 / 138

6. 菜刀结实 / 139

7. 到底有多远 / 140

8. 为什么没有带我一起去 / 141

9. 老幼病残孕专座 / 142

10. 资金全部冻结了 / 143

11. 寄信 / 144

12. 爷爷的生日 / 145

13. 历史故事 / 146

14. 吠狗不咬人 / 147

15. 开的关的 / 148

16. 继续努力 / 149

17. 盘子打了 / 150

18. 救救爸爸 / 151

19. 多一点 / 152

20. 牛奶与猪肉 / 153

21. 练习当老师 / 154

22. 谁去开家长会 / 155

23. "会"字新解 / 156

24. 有什么就说什么 / 157

25. 努力 / 158

26. 什么是婚姻 / 159

27. 标签 / 160

28. 照看妹妹 / 161

29. 不倒翁 / 162

30. 桌子几岁 / 163

31. 如此离题 / 164

六、最搞笑的动物朋友

1. 吃蔬菜的小狼 / 165

2. 公鸡父子的对话 / 166

3. 大象三明治 / 167

4. 你爹呢 / 168

5. 三只乌龟 / 169

6. 不走运的小狮子 / 170

7. 小兔子买面包 / 171

8. 忘交电费了 / 172

9. 蚂蚁郊游 / 173

10. 导盲犬 / 174

11. 私房钱 / 175

12. 没有那么聪明的毛驴 / 176

13. 澳大利亚的蚂蚱 / 177

14. 小心为妙 / 178

15. 鳄鱼的大嘴 / 179

16. 抵账 / 180

17. 没有堵车的烦恼 / 181

18. 母鸡"开花" / 182

19. 存包 / 183

20. 蚊子打灯笼 / 184

21. 外语的重要性 / 185

22. 蜗牛的疑问 / 186

23. 天鹅的红牌 / 187

24. 过敏的青蛙 / 188

25. 蚂蚁大象办酒席 / 189

26. 鹦鹉求救 / 190

27. 惩罚 / 191

28. 犄角的问题 / 192

29. 鱼最劳苦 / 193

参考文献 / 194

一、我是调皮鬼

1. 日历不能撕

笨笨的学习成绩很差劲，眼看期终考试越来越近，他的心里十分害怕。

考试的这天早上，笨笨的妈妈去叫他吃饭，只见笨笨正坐在书桌旁盯着日历发愁。妈妈一看，昨天的日历还没有撕，便伸手想撕掉。笨笨一见慌忙拉住妈妈的手说："妈妈别撕那一张，一撕就要考试了。"

读笑话学知识

从今天开始，我们的主人公笨笨，就正式登场了。笨笨虽然叫笨笨，但却是个聪明的孩子。他贪玩，不爱学习，一到考试就慌了手脚，一不小心就闹笑话。你看，为了躲避考试，竟然不让妈妈撕日

历。在笨笨看来，日历不撕，时间就会停止。多么天真的孩子！小朋友们可不要像笨笨那样畏惧考试，只要平时努力学习，考试有什么可怕？

2. 未来尿床了

笨笨："爸爸，'同志'是什么意思？"

爸爸："比方说，我、你，还有你的同学，我们都是同志。"

笨笨："'政府'又是什么意思？"

爸爸："政府是一个管理机构。比方说，在我们家里，你妈妈就是政府。"

笨笨："那么'未来'是什么意思呢？"

爸爸："未来就是希望。比方说，你的小妹妹……"

半夜里，笨笨喊爸爸："同志，赶快叫醒政府吧，未来尿床了！"

 读笑话学知识

　　笨笨果然是个聪明的孩子，爸爸为了让他学到知识，只不过做了一些比喻，他马上就能"活学活用"，只不过用的不是地方。大家都要记住，学到的知识要用到正确的地方，不能乱用，不然就像笨笨一样，会闹出笑话。

3. 给妈妈的礼物

妈妈今天过生日，笨笨和妹妹要她在卧室休息。妈妈闻到从卧室外飘来阵阵诱人的肉香，高兴地等着孩子们叫她吃饭。

过了一会儿，孩子们喊她吃饭。她出来一瞧，只见两个孩子坐在餐桌旁，每人面前放着一大盘火腿蛋。笨笨对她说："这就是我们送给您的礼物——我们给自己做饭了。"

读笑话学知识

给自己做饭也能当成给妈妈的生日礼物，笨笨的这个想法真够新鲜的。虽然礼物谈不上贵重，但也能表达笨笨的一片心意。其实，只要牢记妈妈的养育之恩，妈妈就会很高兴，不一定非要送什么礼物。

4. 替我拿胡桃

公园的椅子上坐着一位老妇人，笨笨走过来。

"婆婆，您的牙还行吗？"

"已经不行了，都掉了。"

于是笨笨拿出一包胡桃，说："这就好，请您替我拿一拿，我去打球。"

😊 读笑话学知识

因为老婆婆的牙齿都掉光了，笨笨才放心地把胡桃交给她看管。从这一点可以看出，笨笨是多么小气，太不相信人了。就算老婆婆牙齿还在，也不会偷吃他的胡桃呀！小朋友们都想想，如果换成自己该怎么做？

5. 不打自招

笨笨 7 岁了，还是非常调皮。有一次，母亲一本正经地对她说："笨笨，你也该懂事了，再这样调皮下去，将来你的孩子肯定也是个调皮鬼。"

笨笨得意忘形地高声嚷了起来："好啊，好啊！这回妈妈可是不打自招啦！"

😀 **读笑话学知识**

因为妈妈说的那句话，笨笨大做文章，得理不饶人，自己调皮，却把责任推在了妈妈身上。笨笨认为，自己现在这么调皮，就是因为妈妈小时候是调皮鬼。哈哈，有意思吧！

6. 捡钱

笨笨从外面回来，手里拿着一张大面额钞票对妈妈说："这是我在外面捡的!"

妈妈不相信，问："果真是捡来的吗?"

"是真的。"笨笨回答，"我还看见那人在找呢!"

读笑话学知识

为了证明这钱是捡回来的，笨笨说看到那个丢钱的人在找钱。理由倒是很充分，可是，既然看到那个丢钱的人，为什么不还给人家? 如果笨笨是故意这样做的，那么他就不是好孩子。

7. 数狗牙

笨笨捂着手指头在路边哭，隔壁的伯伯看到了，问他："笨笨啊，怎么回事？手指头怎么啦？"

"伯伯，我想知道狗有几颗牙，就把手伸进狗嘴里去数。谁知道，那条狗也想数数我有几个指头，结果我的手指头受伤了。"

😊 **读笑话学知识**

笨笨有时候聪明，有时候确实够笨的，数狗牙竟然把手伸到狗嘴里。狗一害怕，自然要咬他的手指头，可是笨笨居然天真地以为狗在数他的手指头。狗咬人是狗的天性，小朋友以后要小心了。

8. 恍然大悟

爸爸打电话来，说今晚有应酬，不能回家吃饭了。笨笨问："妈妈，什么是应酬？"

妈妈向笨笨解释："不想去，但是又不得不去，就叫做应酬。"

笨笨恍然大悟。第二天早上他要上学了，跟妈妈说："妈妈，我要去应酬了。"

 读笑话学知识

应酬本来是大人们之间的交际活动，也是为了工作，没想到被笨笨用在了上学上。笨笨不爱学习，所以才把上学当做应酬，这是一种不好的思想，容易产生厌学的情绪。小朋友们可不要把上学当做应酬。

8

9. 小猫

小丽阿姨："上次在这儿看见一只小猫，它现在怎样啦？"

笨笨："啊，难道您不知道吗？"

小丽阿姨："我不知道，怎么了？它死了吗？"

笨笨："没有。"

小丽阿姨："你把它送给朋友了吗？"

笨笨："没有。"

小丽阿姨："那么，我就不明白了。它现在怎么啦，笨笨？"

笨笨："它已经长成大猫了。"

😊 读笑话学知识

　　笨笨的一句"难道您不知道吗"，把小丽阿姨吓了一跳，以为出了什么大事。最后笨笨才说出真相，调皮的笨笨制造了一场虚惊。这就是说话的学问，有意思吧？

10. 巧克力汽车

爸爸问："笨笨，如果汽车是巧克力做的，你说先吃哪一部分？"

"先吃轮子！"笨笨说，"这样汽车就开不走了。"

 读笑话学知识

　　贪吃的笨笨一说到吃就变得异常聪明，先吃掉轮子，巧克力汽车就不能开走了，然后笨笨就可以慢慢地把剩下的全部吃掉。轮子是解决问题的关键，抓住关键，做事就会事半功倍，这一点值得大家学习。

11. 大的没有睡

夜里，笨笨躺在床上。他请求妈妈："妈妈，给我一个苹果吧！"

"笨笨，太晚了，苹果已经睡觉了。"

"不，小的也许睡下了，大的肯定还没睡！"

😊 读笑话学知识

笨笨为了吃到苹果真是费尽了心思，妈妈说苹果睡了，他竟然说大苹果没睡，因为他想吃大苹果。小朋友有没有半夜吃东西的毛病？平时多吃点水果蔬菜对身体有好处，但不能乱吃，要有规律。想吃就吃，养成贪吃的习惯就不好了。

12. 小小探险家

笨笨跟爸爸说："爸爸，我长大了要当一名北极探险家。"

爸爸："好极了！笨笨。"

笨笨："可是，我想立刻开始训练自己。"

爸爸："怎么个训练法？"

笨笨："我每天要一块钱买冰淇淋，这样我将来就能适应寒冷的天气了。"

😊 **读笑话学知识**

想做一个探险家当然要尽早地训练自己，这一点笨笨说的没错。可是，多吃冰淇淋真的能适应寒冷的天气吗？当然不能！这只不过是贪吃的笨笨给自己找的理由罢了。冰淇淋属于高热量食物，吃多了对身体不好。

13. 没有做功课

笨笨问妈妈："一个人会不会因为自己没有做过的事情而受惩罚？"

"当然不会。"妈妈答道。

"挨骂呢？"

"也不该挨骂，小宝贝。"妈妈温和地说。

"那么，谢天谢地。我今天没有做功课。"

😊 **读笑话学知识**

一般情况下，大家都会觉得，"什么都没做"当然不用受到惩罚。可是没有做功课就不一样了。笨笨为了避免受到惩罚，就耍了一个小聪明。不管怎么说，无缘无故不做功课是不对的。

14. 进步真快

笨笨："妈妈,这次我考试得了第 5 名,快给我煮个鸡蛋。"

妈妈："好孩子,进步真快。妈妈今天给你煮两个鸡蛋。"

笨笨："谢谢妈妈!"

妈妈："参加这次考试的一共有多少人?"

笨笨："5 个人。"

😊 读笑话学知识

笨笨考了第 5 名,听起来不错,但实际上却是倒数第一。考成这样竟然也让妈妈给煮鸡蛋吃。可见笨笨是个乐观主义者,只不过学习太不努力了。

15. 休息一会儿

笨笨做错了事，被老爸训斥后大哭了很久，老爸没有答理他。

待他不哭了，老爸问他："你不哭了？"

笨笨答道："不是，我想休息一会儿。"

😊 读笑话学知识

笨笨跟很多小朋友一样，被爸爸妈妈训斥以后，第一反应就是大哭。为什么不想想自己为什么被爸爸、妈妈训斥呢？既然是自己错了，主动认个错，以后不再犯了，这样不更好吗？

16. 星星会闪

一次笨笨坐在飞机上，空中小姐问笨笨说："为什么飞机飞这么高，都不会撞到星星呢?"笨笨回答："我知道，因为星星会'闪'啊!"

😊 **读笑话学知识**

笨笨说星星会"闪"，所以飞机才撞不到星星。星星的确会"闪"，但并不是躲闪的闪，而是闪闪发光的闪。星星会"闪"并不是飞机撞不到的原因，飞机之所以撞不到星星，是因为星星比飞机要高得多，尽管飞机已经飞得很高了，但距离星星仍然很远很远。

17. 虫妈妈接来了

笨笨进屋神气地让妈妈看他手上爬着的一条蠕动的毛毛虫。妈妈一见毛毛虫就全身一颤，可还是随口说了句逗孩子玩的话："笨笨，快把它弄到外面去吧，它妈妈一定在找它。"

笨笨转身走了出去。妈妈以为达到了目的，谁知笨笨一会儿又进来了，手上爬着两条毛毛虫，他说："我把它妈妈接来了！"

😊 **读笑话学知识**

为了不让虫妈妈找自己丢失的孩子，笨笨把虫妈妈也抓来了。看起来，笨笨是为虫妈妈着想，其实是害了它们。所有的动物，它们的家都在自然界，只有在大自然中，它们才能幸福地生活。所以，小朋友们都要爱护动物，不要随意抓捕。

18. 你认为呢

王阿姨按了三下门铃，房门开了，笨笨站在门口。

"小朋友，你爸爸在家吗？"

笨笨不以为然地看着王阿姨，取下叼在嘴边的香烟，用手指轻轻弹弹烟灰，接着又猛吸一口，皮笑肉不笑地答道："你认为他会在家吗？"

😊 读笑话学知识

王阿姨怎么就看不出来，笨笨的爸爸要是在家，笨笨肯定不敢抽烟。笨笨真是淘气，一身的坏习惯，竟然还学着大人抽烟。小朋友们可千万不要抽烟，抽烟对身体有很大的害处。为了我们有个健康的身体，不仅小时候不要抽，长大了也不要抽。

19. 小神枪手

　　射击队的教练在墙上发现了一排气枪弹弹洞，个个都命中用粉笔画的靶心。他想这准是个神枪手，无论如何也应该把他找到。

　　经过查访，他发现射手竟是笨笨。

　　"小朋友，"教练十分兴奋地问，"你的射击术是从哪儿学来的呀？"

　　"没什么。"笨笨若无其事地说，"很简单的，我先对着墙开枪，然后在弹洞周围用粉笔画几个圆圈。"

读笑话学知识

　　先打枪，打完再画圈，这样一来，不"百发百中"才怪。可是反过来想想，笨笨不是在自欺欺人吗？这样能练出什么枪法来？小朋友们要记住，无论做什么事，脚踏实地才行，千万不要有笨笨那种自欺欺人的心态。

20. 我要摸太阳

　　一天下午妈妈带着笨笨出去玩，笨笨看见了正要落山的太阳，就高兴地指着太阳说："我要摸摸太阳！"

　　妈妈说："太阳离我们很远，笨笨够不着的。"

　　笨笨说："妈妈把我抱起来我就可以摸到太阳了。"

😊 读笑话学知识

　　笨笨天真地以为，只要妈妈把他抱起来就可以摸到太阳了，他不知道太阳其实离我们很远很远，有1亿5千万公里呢！还有，太阳表面的温度很高很高，任何物体碰到它都会被熔化，可不是随便乱摸的！

21. 红烧鱼

笨笨两岁的时候，姑姑带笨笨去水族馆看海洋生物，姑姑问他水族箱里是什么鱼，笨笨说："红烧鱼"。

😊 **读笑话学知识**

笨笨是个贪吃的孩子，不管什么鱼，一旦到他眼里就成了红烧鱼。不过，那时候笨笨还小，犯这样的错误，可以原谅。其实地球上现存的鱼类有两万六千多种呢！上了学的小朋友眼里可不能只有红烧鱼了，别人会笑话的。

22. 手电筒

笨笨人睡前，对妈妈说："妈妈，把手电筒给我。"

妈妈问："睡觉玩手电筒干啥？"

笨笨说："不是玩，我做梦走黑路，看不见。"

😊 **读笑话学知识**

笨笨怕走黑路，所以想把手电筒带进梦里。其实人做梦是一种潜意识的行为，并不是想梦到什么就能梦到什么。

22

23. 老师给了

笨笨:"妈,我们考完了。"

妈妈:"看你都瘦了,妈给你煮几颗鸡蛋。"

笨笨:"不用了,老师给了。"

读笑话学知识

老师怎么会给笨笨鸡蛋?原来是笨笨平时学习不用功,考了"0"分,这就是老师给的鸡蛋!老师给"鸡蛋"可不是什么奖励,应该感到羞耻才对。如果哪个小朋友一不小心也得到了老师给的"鸡蛋",那以后就要努力学习了,争取吃到妈妈煮的鸡蛋。

24. 金鱼的坟墓

威威:"笨笨,你挖坑做什么?"

笨笨:"我家的金鱼死了,我给它弄个坟墓。"

威威:"这个坑是不是太大啦?"

笨笨:"没办法,金鱼在你家猫的肚子里。"

😊 读笑话学知识

　　笨笨的金鱼让威威家的猫吃掉了,笨笨很伤心,给金鱼做个坟墓也不过分,但要把威威家的猫也埋掉,这就不好了,那样太残忍了。如果小朋友们有养金鱼的,以后可要记着别让猫靠近。

25. 游击队员

一位老师在给孩子们讲游击队的故事。他忽然向笨笨提问："笨笨，假如你是游击队的指挥员，为了不让敌人使用铁路，游击队应该采取什么行动？"笨笨站起来大声回答："必须迅速占领售票处，并烧毁全部车票！"

😊 读笑话学知识

在和平年代，乘火车必须到售票处买票，然后凭票乘车。可是在战争年代就不同了，敌人是不会买票的，占领售票处，烧毁车票，起不了任何作用。笨笨把敌人想得太好了。

26. 锯开

爸爸为了培养笨笨的艺术修养，带他到音乐厅欣赏小提琴独奏会。一小时、两小时过去了，台上的演奏者依然在表演着。早已坐不住的笨笨大声问："爸！他要到什么时候才能把那个木盒子锯开？"

😀 读笑话学知识

音乐可以陶冶人们的情操，提升人们的艺术修养，让人们的生活更加美好。可惜笨笨还小，不懂得欣赏音乐，竟然说拉小提琴是在锯木头。

27. 自作聪明

有一天，笨笨的爸爸给笨笨两封信，又给了笨笨一点钱，叫笨笨买两张邮票把信寄出去。过了十分钟，笨笨回来了。

笨笨说："爸爸，我把两封信寄出去了，而且只花了一半的钱！"

爸爸很惊讶地问笨笨："用一半的钱把两封信寄出去的？你怎么弄的？"

笨笨得意地说："我把一封信放在另一封信里面，这样只需要一张邮票。所以，可以省下一半的钱！"

😊 **读笑话学知识**

把一封信放在另一封信里面，信是都寄出去了，可是该收到信的人却收不到，该收到一封信的人却会收到两封，这样不耽误事才怪。笨笨自作聪明，却犯了个大错误。小朋友们要吸取教训，千万不可自作聪明。

28. 拿破仑的椅子

有一群小学生到博物馆参观，笨笨在四处参观后觉得很累，便坐在一张椅子上。

老师生气地小声对笨笨说："快起来！你疯啦！那是拿破仑的椅子！"

笨笨很惊讶："啊，老师，可是我的脚实在好酸！如果他来了，我马上就起来，让位给他！"

😊 **读笑话学知识**

拿破仑是法国近代资产阶级军事家、政治家、数学家，他生于1769年，死于1821年，已经死了将近190年了，笨笨竟然还要给他让座，真是笑死人了。

29. 借书

　　笨笨羞怯地请图书馆管理员推荐一本有趣的书，管理员给了他一本《怎样玩杂耍》，他捧着书很高兴地走了。第二天，笨笨回来说要换一本。

　　"你现在想要什么书?" 管理员问。

　　"你们有教人修补破碟子的书吗?" 笨笨问。

读笑话学知识

　　知道笨笨为什么找修补破碟子的书吗? 因为他看了《怎样玩杂耍》，把家里的碗碟都给摔坏了。为了不让爸爸妈妈批评，只好学习修补了。可是有这样的书吗? 估计很难找。尽管笨笨闯祸了，但不管怎么说，爱读书是个好习惯，希望大家都能以书为友，爱上读书，多读好书。

30. 丢失的钱包

一位男士在匆忙中丢失了钱包，正好让笨笨捡到了并还给他。

男士看着钱包，说："嗯，真有趣。我丢失钱包的时候，里面有一张20元的钞票，但现在变成了20张1元的零钞。"

笨笨马上回答道："没错，先生。上次我找到了一位女士的钱包，但是她说没有零钱作酬金。"

😊 **读笑话学知识**

笨笨捡了钱包，并且还给了失主，值得表扬和学习。但是他为什么要把里面的整钱换成零钱呢？因为他想着失主给他酬金。万一没零钱，酬金就泡汤了，所以他费尽心机把整钱都换成了零钱。但是这样一来，就不是好孩子的做法了，做好事可不能图利，那样性质就变了。助人为乐，不图回报，这样的笨笨才是我们学习的榜样。

31. 应该上电视

一天，笨笨去他表弟家做客，他最不愿意听表弟弹琴了，等表弟弹完一支曲子问笨笨："我弹得怎么样?"

笨笨回答说："我觉得你应该上电视。"

表弟高兴地说："你的意思是说我弹得很不错了!"

"不!"笨笨说，"你要是上了电视，我就可以把它关掉了。"

😀 读笑话学知识

笨笨虽然不喜欢表弟弹琴，但是他没直接说表弟弹得不好，而是很委婉地说："应该上电视"，这种说话方式还是有可取之处的。我们以后在跟人交往的时候，要记住，不要直接指出别人的缺点，委婉一些效果会更好。

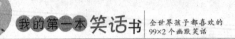

32. 目送

妈妈："笨笨，昨天叫你送奶奶，你送了没有？"

笨笨："送了。"

妈妈："送了？那奶奶咋还跌倒了呢？你是咋送的？"

笨笨："目送。"

读笑话学知识

什么是目送？目送就是用眼睛注视，看着别人离去。没想到笨笨送自己的奶奶也用这样的方法，这跟没送有什么区别？怪不得奶奶会摔倒。笨笨太懒了。小朋友对待自己的长辈可不要这样，特别是腿脚不便的老人，一定要双手挽扶送到目的地。

33. 滑冰

爸爸:"笨笨,快把你雪糕上的苍蝇赶走,听见了吗?"
笨笨:"爸爸,你不让我滑冰,难道也不让它在这儿滑一会儿吗?"

😊 **读笑话学知识**

笨笨很调皮,可是让苍蝇在雪糕上滑冰,会传播很多疾病。大家可不要像笨笨那样做傻事,看到苍蝇尽量消灭,如果打不死,赶走也行,让它离我们远远的。

 1. 爸爸不在家

一个小偷来到一个居民区，他看到笨笨坐在房子门口，脖子上还挂着一串钥匙。

于是小偷走上前问："小弟弟，你爸爸在家吗？"

笨笨说："没有啊！"

小偷又说："我是查电表的，可以让我进去吗？"

"当然可以。"笨笨说。笨笨帮小偷打开了门，小偷刚把脑袋伸进去，接着撒开腿就跑了。

笨笨追着他喊："我爸爸真没在家，他们是我的大叔，二叔，三叔，四叔，五叔，六叔……"

😀 读笑话学知识

小偷以为爸爸不在家，家里就没人了，就可以大胆地偷东西了，他不知道笨笨家里来了很多叔叔，差点自投罗网。如果家里真的没人，笨笨是不会随便给陌生人开门的。小朋友们也要记住，现在社会上仍然有坏人，不要随便相信陌生人，如果爸爸、妈妈不在家，不要给陌生人开门。

2. 刚去过动物园

笨笨小的时候，有一次妈妈抱着他站在银行的窗口前，笨笨把正在吃着的面包卷从窗口塞给出纳员，出纳员微笑着摇了摇头。

"亲爱的，别这样。"妈妈说。然后她又转身对出纳员说："对不起，孩子刚去过动物园。"

😀 读笑话学知识

笨笨刚去过动物园，他把窗口里的银行营业员当成笼子里的动物了。幸好笨笨还小，不然营业员会生气的，因为这是对他们不尊重的表现。小朋友想想，谁愿意别人把自己当成动物看待？小朋友们要懂得尊重人，不要随意给别人起一些外号，这样才能交到更多的好朋友。

3. 像绅士一样

笨笨和妹妹在阿姨家做客。

阿姨把笨笨叫到厨房里，给他一把餐刀和一个香喷喷的蛋糕，对他说：

"拿着，切一半给你的妹妹。记住，你要做得像个绅士！"

笨笨问："绅士怎样做？"

阿姨说："绅士总是把较大的半块给别人。"

"噢！"笨笨想了一会，把蛋糕端到妹妹跟前，递过餐刀，说："妹妹，请你像绅士一样把蛋糕切一半给哥哥。"

😊 读笑话学知识

绅士这个词最早出现在英国，当时的英国绅士通常会手拿文明棍，头戴大礼帽，身着笔挺的西装，足登亮皮鞋。现在我们所说的绅士是一种做人的素质，比如文雅的举止，文明礼让，尊重女性，尊重人格等。在这个笑话中，笨笨的表现明显不像个绅士，因为他太自私了，总想着把好处留给自己。

4. 假扮爸爸

有一天，爸爸没有在家吃晚饭，笨笨坐在爸爸的位置上，假扮爸爸。妈妈看着他的神态举止，不禁失笑。妹妹对哥哥以爸爸自居，很不服气。

妹妹不客气地说："你自以为今天是爸爸吗？你知道99乘5是多少？"

笨笨不慌不忙地回答："孩子，我没空，问你妈妈吧。"

😊 读笑话学知识

笨笨假扮爸爸很不成功，妹妹问他问题，他就推卸责任，明明不知道，却还要给自己找理由说没空。如果笨笨平时也这样，那他就是个不诚实的孩子。知道就是知道，不知道就不要隐瞒，承认自己不知道，这样才能不断地进步。

5. 按门铃

　　一位老先生沿街缓缓地行走，看见笨笨想按一个门铃，但门铃太高，怎么也按不到。心地善良的老人停下来对笨笨说："我来帮你按吧。"于是他帮笨笨按响了门铃。

　　笨笨这时却对老先生说："现在咱们快逃吧！"

　　老先生恍然大悟，原来这里不是笨笨的家。

　　😊 **读笑话学知识**

　　笨笨本来是在制造一个小小的恶作剧，没想到还遇到了好心的老先生的帮助。万一门开了，老先生可就冤枉了，做了好事也不会受到表扬，有口也难辨。这都是笨笨的错。所以小朋友要少制造恶作剧，不给别人添麻烦，别让好人受到冤枉。

6. 看戏

爸爸的好朋友跟爸爸约好去看戏。在戏院里，他发现旁边坐着的是笨笨，便问道："小家伙，你是怎么来的?"

"我拿了爸爸的戏票进来的。"

爸爸的好朋友问："那你爸爸呢?"

笨笨说："他正在家里找戏票!"

😊 读笑话学知识

笨笨又在调皮了，偷拿了爸爸的戏票却不告诉爸爸，竟然自己一个人去看戏了，害得爸爸一个人在家里找戏票。小朋友们在生活当中可不要这样干，拿了爸爸、妈妈的东西要告诉他们，尽量不要一个人出门，有什么活动最好在爸爸、妈妈的陪伴下进行。

7. 狗洗澡

笨笨："我昨天帮家里的狗洗澡，结果它死了。"

明明："洗澡？不可能吧？"

笨笨："嗯，如果不是洗衣机要了它的命，那么就是烘干机了。"

😊 读笑话学知识

　　笨笨用洗衣机给狗洗澡，高速旋转的水流不把狗洗死才怪。家里的有些电器是很危险的，小朋友们不要随意乱动，万一操作失误，后果会很严重。如果有需要，也要在爸爸、妈妈的指导下操作。

8. 接电话

周日的早晨，妈妈让笨笨打电话给奶奶，说中午要回奶奶家。电话接通了，笨笨和"奶奶"在电话中聊得热火朝天，足足有 10 分钟。妈妈问笨笨聊什么呢，笨笨说："电话打错了。"

😊 **读笑话学知识**

电话打错了还能聊十几分钟，笨笨的口才真是好得不得了。不过口才归口才，妈妈吩咐的事还没办呢。

9. 试验

淘气的笨笨知道妈妈回来了，从房中冲出来："妈妈，您知道这一支牙膏里装有多少牙膏吗？"

妈妈说："不知道。"

笨笨说："我刚刚才知道，它能从沙发边挤到房门口。"

读笑话学知识

笨笨想知道牙膏的数量，就把牙膏全部挤出来。笨笨的好学精神还是值得肯定的，但这种学习方法不好，浪费了东西。

10. 用抹布

笨笨拿着一块抹布，高兴地说："妈妈，我学会用抹布了！"

妈妈问："那你擦什么了？"

笨笨说："我刚用它擦过桌子，又擦了马桶，还擦过地，现在正准备去擦碗！"

读笑话学知识

笨笨终于学会劳动了，可是他不知道一种抹布不能什么都擦。擦马桶有专用的刷子，擦地用拖布，刷碗用刷碗布或钢丝球。如果什么都用抹布擦，那抹布会多脏呀！

11. 挣钱

笨笨："爸爸，我给您挣钱啦！"

爸爸："好孩子，等长大了再挣钱。"

笨笨："不，我现在就挣钱了。您看，我已经挣来了。"

爸爸："咦？一毛钱，哪来的？"

笨笨："是我卖牙膏皮挣来的。"

爸爸："牙膏呢？"

笨笨："挤到垃圾箱里去了。"

爸爸："啊！……"

😊 **读笑话学知识**

笨笨知道牙膏皮能挣钱，却不算算扔掉的牙膏更值钱。小朋友记住了，这就是典型的得不偿失，也就是说失去的东西比得到的东西要贵重得多。以后可别像笨笨一样干这种傻事了。

12. 我看看

笨笨在厨房洗碟子，电话铃响了，他拿起电话，回答说："妈妈大概在洗澡，请你等一下我去看看。"他伸手扭大热水龙头，马上传来一声尖叫，笨笨关上水龙头说："是的，她还在洗澡。"

 读笑话学知识

笨笨用开热水龙头的方法知道妈妈有没有在洗澡，这样做很危险，很容易把妈妈烫伤。想知道妈妈有没有在洗澡，最好的办法是亲自去敲敲卫生间的门，问一下妈妈还在不在里边。小朋友们可不要像笨笨一样，图省事闯大祸。

13. 毒西瓜

有位农民伯伯种了很多西瓜，但是田中的西瓜常被附近笨笨的那帮小朋友偷偷摘走。

农民伯伯很懊恼，终于想出一个办法：在田中立起一块告示牌，上面写着："这里面的西瓜有一颗有毒！"

隔天，农夫看到西瓜填安然无恙，沾沾自喜之余，却发现告示牌上多了一行字："现在有两颗了！"

😊 **读笑话学知识**

农民伯伯立起一块牌子是为了吓唬小朋友，防止他们偷西瓜，他不会真往西瓜里放毒的。如果小朋友们往西瓜里放毒，那后果就很严重了。万一有人不知道，中毒了怎么办？这样的恶作剧真是太过分了！笨笨和那帮小朋友受到了严厉的惩罚。

14. 玩笑

不远处，有人正在举行婚礼。笨笨对东东说："无聊死了，有没有什么好玩的？"

东东说："玩什么好呢？"

笨笨提议："要不去和新郎开个玩笑。"

东东问："开什么玩笑呢？"

笨笨说："我们一起走到他的面前，大声叫他爸爸。"

 读笑话学知识

笨笨和东东闲着无聊，就想着做坏事给别人找麻烦。新郎正在举行婚礼，突然有小孩过来喊爸爸，那会多么尴尬呀！要是再引起新娘子的误会，那就更麻烦了，非把人家好端端的婚礼就给搅乱了。小朋友们想想，这样的恶作剧是不是不可取？

15. 抽象画

向美术教师交作业时，笨笨交了一张白纸。

老师问："画呢?"

笨笨答： "这儿?"他指着白

纸说。

老师："你画的是什么?"

笨笨："牛吃草。"

老师："草呢?"

笨笨："牛吃光了。"

老师："牛呢?"

笨笨： "草吃光了，牛还站在

那里干什么?"

😊 读笑话学知识

一张白纸就能代表牛吃草，笨
笨算是有想象力了。不过，笨笨这不是聪明，而是在应付老师。在学习画抽象画
时，应打好基础。大家要记住，爱偷懒的孩子是不会有什么出息的。

16.啰嗦的请假条

笨笨早上在老师的讲桌上放了一张请假条，上面写道：早上我来时，遇到一大狗，狗向我来吼，我反向狗吼。狗掉头就走，我正高兴时，来了一群狗，带头那条狗，正是那大狗。狗群向我吼，我吼不过群狗，狗就来咬我！我被咬的体无完肤，特请假一天。

 读笑话学知识

笨笨的这张请假条不但啰嗦还夸张。其实，请假条上内容能把主要事件说清楚就行了，没必要说得这么详细。如果养成这种坏习惯，以后就会让人反感。

17. 好客的笨笨

一位阿姨串门，妈妈以没有奶酪的苹果馅饼招待她，并连连向她表示歉意。笨笨见了，忙跑出房间，很快拿来一小块奶酪，放在客人的盘子里。

阿姨有些茫然，问笨笨："孩子，你的眼力一定比你妈妈的好，你是从哪里找到这块奶酪的？"

"在捕鼠夹上，阿姨。"笨笨回答说。

😊 读笑话学知识

老鼠夹上的奶酪是为了诱捕老鼠用的，人是不能吃的。笨笨又犯错了。

18. 不是我的外套

上幼儿园时候的一个冬天，笨笨一到幼儿园便把外套一脱，跑去和小朋友玩去了。要回家时老师辛苦地帮笨笨把外套套上，扣好扣子，拉上拉链。突然笨笨对老师说："这件外套不是我的。"

老师只好再帮他拉下拉链，解开扣子，将外套脱了下来。"这件外套是我姐姐的，我妈早上要我今天先穿她的。"等老师帮他脱完了，笨笨才补充着说。

😊 **读笑话学知识**

冬天穿的衣服多，老师帮小朋友穿衣服都很辛苦。笨笨不一次把话说完，害得老师把他的衣服穿了又脱，脱了又穿。教师是很高尚的职业，我们都应该尊重老师，体谅老师的辛苦，不给老师添麻烦。

19. 亲自体验

　　笨笨哭着找他的妈妈，因为他的小妹妹扯了他的头发。他妈妈对他说："别生气，你妹妹不知道拉你的头发会痛呀！"过了一会儿，又传出了哭声，这次是妹妹的。只见笨笨蹦蹦跳跳，满意地从房里走出来，向妈妈说了一句："现在她知道了。"

读笑话学知识

　　笨笨又在欺负妹妹了。妹妹还小，扯人的头发属于无意识的行为，笨笨竟然还跟她计较，可见笨笨是个小心眼，一点亏都不想吃，一点都不懂得宽容，这样怎么能做个好孩子呢？

20. 咖啡壶在海底

暑假期间，笨笨在一条轮船上勤工俭学当服务员。一天早上，他在轮船上送中饭时问道："船长，我可以问您一个问题吗？"

"当然可以。小家伙。"船长注意到笨笨激动的样子。"什么问题？"

"有一样东西，要是你知道它在什么地方，算不算丢了？"笨笨问。

"当然不算。"船长说。

"这么说，您的咖啡壶没有丢掉，因为我知道它在什么地方。"笨笨微笑着说。

"在哪儿？"船长兴奋地说。

"在海底！"笨笨说。

😊 读笑话学知识

如果按照笨笨的说法，世界上就不存在丢东西这回事了。

21. 火车什么时候进站

"下列火车什么时候进站？"笨笨问旁边等火车的一位叔叔。

"小淘气鬼，我已经给你讲了五次了，火车进站时间是 4 点 44 分。"

"我知道。"笨笨回答，"我喜欢看你说 4 点 44 分时胡子往上一翘一翘的样子。"

😊 读笑话学知识

人们在说"4"的时候嘴角就会往上翘，因为要发"4"这个音，必须是这个口型。如果正好留了八字胡，那么嘴两边的胡子就会一翘一翘的。笨笨觉着好玩，就一遍一遍地问那个人。笨笨总是搞恶作剧。

22. 买雪糕

火车停在一个小站上。一位官员朝窗外看去，他看到一位正在卖雪糕的妇人。这位官员想买一块雪糕，但妇人站在离他的车厢比较远的地方。

官员不想自己去买雪糕，于是他喊在车厢附近站台上的笨笨："一块雪糕多少钱？"

"一块钱，先生。"笨笨答道。

官员给了他两块钱，对他说："给我带一块雪糕来，另外一块钱买一块雪糕你自己吃。"

一会儿笨笨回来了。他一边吃着一块雪糕，一边还给官员一块钱，他对官员说："那儿就剩了一块雪糕了，先生。"

😊 **读笑话学知识**

笨笨把最后一块雪糕留给了自己，表面上看，是笨笨自私，那个官员吃亏了。因为老师教导我们要先人后己。其实，这是那个官员自食其果。他是一个手脚健全的人，自己不去却吆唤别人去，他这样的人就应该受到惩罚。

23. 大街上叫喊的人

笨笨："妈妈，您给我5毛钱吧，我要给一个大街上叫喊的人。"

妈妈："那准是一个既可怜又叫人同情的人。孩子，他在叫喊什么？"

笨笨："他在大街上大声叫喊'冰淇淋，5毛钱一杯'。"

读笑话学知识

　　笨笨想买雪糕吃，却不直接跟妈妈说，而是用一种委婉的方式表达了自己想法，可见笨笨有多聪明。但是聪明归聪明，做事的动机却不单纯，如果真的碰到那些可怜的人，希望笨笨也能这么慷慨。只有乐于助人的孩子才是好孩子。

24. 妖怪

有位博物学家，博学多才。人们向他提出种种问题，没有一个他不知道答案的。

一天，笨笨问他说："学者爷爷，有一种动物很特别，您肯定不知道它的名字！"

"笑话！"学者说，"那动物是什么样的?"

"你听着，"笨笨说，"那家伙有 3 个脑袋，6 只手，18 只脚，5 条尾巴，100 只眼睛，外加一个碗口大的肚脐眼。它长着翅膀不会飞，走起路来却快如风，你说它叫什么名字?"

学者冥思苦想，三天三夜也想不出来。于是，又去翻查书籍，忙了一个月也没结果，最后，还是屈尊去问笨笨。

"连这个你也不知道?"笨笨笑道，"书上不是写着吗，它是个妖怪。"

😊 **读笑话学知识**

博物学家虽然博学多才，但是却被笨笨提出的问题难住了，这是为什么? 因为博物学家太教条了。

25. 投稿

笨笨写了一篇小文章，自我感觉很好，就问爸爸："爸爸，我的这篇稿子往哪里投？"

父亲："往钱多的地方投。"

笨笨想了想说："中国人民银行钱多，往那儿投行吗？"

😊 读笑话学知识

中国人民银行虽然钱多，却不是发表稿子的地方。笨笨自以为聪明，即使把稿子寄过去也不会有结果。

26. 一人分一个

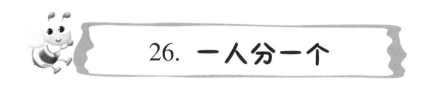

　　笨笨很小的时候曾在水果店里偷了两个苹果，当场被抓获。老板问他："小鬼，是谁要你来偷的？"笨笨说："是……是你家的亮亮！他说了，一人分一个。"

读笑话学知识

　　有了错就要改。笨笨不但不改，还说店主人家孩子让他拿的。虽然聪明，但他的行为还是要受惩罚的。

27. 爸爸在梯子上

在院子里玩耍的笨笨跑进屋里对妈妈说："我闯祸了，我把梯子弄倒了。"

妈妈依然目不转睛地盯着电视机，问道："梯子没有砸坏花坛吗？"

"嗯！花坛没事。"

"那没碰着院子里的鸡笼子吗？"

"嗯！"

"那就不要紧了，去叫你爸爸把梯子扶好就行了。"

笨笨垂头丧气地说："爸爸在梯子上。"

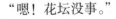 读笑话学知识

笨笨把梯子弄倒了，却不管摔下来的爸爸，自己先跑了，这是极其不负责任的表现。

28. 看门

笨笨的妈妈叫他在家看门，她要出去。

但是，最后她们家还是让小偷溜进去了。笨笨的妈妈问他这是怎么回事。笨笨说："你叫我看门，我就拿着门去踢球了。"

😊 **读笑话学知识**

妈妈交代的事笨笨没有做到，家里还是被小偷光顾了。因为笨笨贪玩，不把正事放在心上，耍小聪明，所以才有这样的结果。小朋友们要以此为戒，对于大人交代的事要真正负起责任，不要只顾着玩。

29. 称一称您儿子

笨笨的妈妈急匆匆地走进一家商店："5分钟前我让儿子来买一斤果酱，回去时分量不够，这个，你怎么解释？"

售货员礼貌地答道："太太，果酱没问题，回去称一称您的儿子就知道怎么回事了。"

😊 **读笑话学知识**

妈妈以为是商店缺斤短两，实际上是笨笨偷吃了果酱。笨笨因为贪吃惹了很多祸，他怎么就不能改掉这个坏毛病呢？贪吃的坏处太多了，最重要的是会成为一个小胖墩，长大了影响身体的健康。小朋友们是不是也有这样的毛病？大家都想想，怎么才能把这个坏习惯改掉。

30. 心痛

笨笨问爸爸："爸爸，墨水很贵重吗？"

爸爸说："啊，不。你怎么会这样想呢？"

笨笨说："因为我洒了一点点墨水在地毯上，妈妈好像非常心痛。"

😃 **读笑话学知识**

笨笨不知道，妈妈之所以心疼，不是因为墨水，而是因为墨水弄脏了地毯。地毯比墨水要贵重得多，地毯一旦撒上了墨水，是很难清洗的。一瓶墨水就弄坏了整块地毯，小朋友想想，是不是很可惜？

31. 日行一善

有一天笨笨告诉妈妈："老师说要日行一善，我今天做到了！"

妈妈："很好啊！说来听听！"

笨笨："一位邮差伯伯上厕所时，我把他脚踏车上的信件全部都投到邮筒里了。"

读笑话学知识

笨笨本来也想帮邮差伯伯，因为不动脑子，好心帮了倒忙，结果是给邮差伯伯添麻烦了。小朋友在帮助别人的时候都要好好想想，可别像笨笨一样，不仅没有帮到别人，还给别人添麻烦。

32. 插座插头

有一天中午，笨笨在家里玩，妈妈织毛衣，爸爸则在床上看报纸。忽然，笨笨摆弄起插头来。妈妈想启发孩子，于是说："笨笨，这应该插在有两个洞的地方。"谁知，笨笨一下子插在了爸爸的鼻孔里。

😀 读笑话学知识

爸爸的鼻孔也是两个孔，笨笨以为是插座呢？只怪妈妈没说清楚。幸好爸爸的鼻孔里没有电，不然的话，笨笨这样乱玩插头会出事故的。小朋友们在家的时候，记住不要乱动家里的电器设备。电是非常危险的东西，如果不小心就很容易被电到。

三、超级话痨

1. 太阳钻进西瓜里

笨笨："苹果为什么一边红，一边青呢？"

爸爸："那是因为一边被太阳晒着了，一边没晒着。"

笨笨："我懂了，西瓜瓤是红的，一定是因为太阳钻进西瓜啦！"

😊 读笑话学知识

笨笨不知道，西瓜瓤的颜色跟太阳没有太大的关系。西瓜瓤色泽不同与瓜内所含色素不同有关。红瓤含茄红素和胡萝卜素，色泽主要由茄红素含量多少决定，由此形成淡红、大红等不同色泽。

2. 半个月亮

夏天的晚上，笨笨和小明在水池边乘凉。忽然，笨笨一抬头看到了天上的半圆形月亮，就对小明说："真奇怪，上星期晚上我看到的月亮是个圆的，今天怎么只剩了半个了呢？"小明还没有回答，笨笨忽然又叫了起来："原来如此，你看，另外半个月亮掉在水池里了。"

😊 读笑话学知识

月亮是半圆形的时候，并不像笨笨所说的那样掉在水池里了，水池里的月亮不过是天上月亮的倒影。月亮本身不会发光，我们看到的月光实际是月亮反射的太阳光。因为月亮围绕地球转动，当地球挡住一部分太阳光的时候，大家就只能看到半个月亮了。

我的第一本笑话书 全世界孩子都喜欢的
99×2个幽默笑话

3. 五个字

一天，上幼儿园的笨笨跑到爸爸面前："爸爸，爸爸，什么东西从东边升起，从西边落下？"

"嗯，是太阳？"

"不对，不对，五个字！"

爸爸想了想说："太阳老公公？"

"不对，不对，五个字嘛！就那五个字！"

爸爸想了半天还是想不出来。

这时，笨笨说："爸爸笨。是是是太阳！"

😊 **读笑话学知识**

笨笨真是个话痨，为了凑足五个字，竟然说了三个"是"字，真啰嗦。小朋友们可不要这样说话，实事求是，有几个字说几个字，养成啰嗦的坏习惯可不好。

4. 反义词

妈妈到幼儿园接笨笨，笨笨看见豆豆的爸爸牵着豆豆，就问："妈妈，豆豆的爸爸怎么生了个反义词？"

妈妈不懂，就问笨笨："什么叫生了个反义词？"

笨笨说："他爸爸那么瘦，豆豆那么胖，老师说'胖''瘦'是反义词。"

☺ **读笑话学知识**

笨笨很会学以致用，刚学了"反义词"就用上了。但语法有错误，家长应该纠正。

5. 两种可能

冬天，一家人坐在壁炉前聊天。母亲见笨笨的妹妹不在，便问："你妹妹到哪儿去了？"

"可能下河去了。"

"下河去干什么呢？"

"这有两种可能。"笨笨说，"如果冰厚，她也许在溜冰；如果冰薄，她也许在游泳。"

读笑话学知识

溜冰一定要注意安全，不能像笨笨说得这么简单。

6. 直升机很热

笨笨和爷爷在一起看电视。这时，屏幕上出现了一架直升机。

"直升机上一定很热。"笨笨对爷爷说。

"你怎么知道？"爷爷问。

笨笨说："如果不热，这飞机上怎么装着那么大的电风扇呢？"

读笑话学知识

直升机上面那个看似电风扇的东西，其实是螺旋桨，它不是用来散热用的。如果没有它的快速转动，直升机就没有动力了。

7. 指挥在干什么

笨笨跟着妈妈去听音乐会。

笨笨："妈妈，站在乐队前面的那个人，拿着一根小棍在干什么呀？"

妈妈："我的乖孩子！你看见那些乐器吗？它们发出了各种不同的声音，那个人就用小棍把它们搅匀了！"

😊 读笑话学知识

笨笨的妈妈在跟笨笨开玩笑。乐队前面站的那个人就是乐队的指挥，他用指挥棒结合肢体语言指示乐手如何演奏或演唱。

8. 什么风可怕

一天，笨笨与他的小伙伴谈起了风的厉害。

小伙伴说："台风真可怕啊！我家的栅栏前几天都给刮倒了。"

"破伤风才可怕呢！"笨笨不无恐惧地说，"我隔壁的王爷爷都送往医院抢救去了！"

😊 读笑话学知识

大自然中风是空气流动形成的，有时也能给人带来灾害。而破伤风就不同了，破伤风是一种病，大多是由伤口感染引起的。笨笨显然是弄混了。

9. 吃鸡能下蛋吗

笨笨："爸爸，小华的爸爸游泳游得可好了，你怎么不会呢?"

爸爸："小华的爸爸总是吃鱼，所以就会游泳，爸爸我不常吃鱼，怎么会游泳呢。"

笨笨："可是，爸爸你总吃鸡，你会下蛋吗?"

😊 **读笑话学知识**

笨笨知道，会不会游泳跟吃鱼没关系，爸爸是在信口胡说。虽然爸爸总爱吃鸡，当然也不可能会下蛋。

另外，小朋友要知道，游泳是消暑的好方法，也是强身健体的最佳选择。到了夏天，可以多让爸爸、妈妈带着去游泳馆练习游泳。

10. 牛会抽烟吗

笨笨和邻居家的孩子在聊天。

笨笨问："你家的牛会抽烟吗?"

邻居家的孩子说："你疯啦? 牛怎么会抽烟?"

笨笨说："哦! 那么, 也许是你家的牛棚着火了。"

😊 读笑话学知识

笨笨的想象力非常丰富, 看到牛棚冒烟了, 竟然想到牛在抽烟。牛当然不会抽烟, 那剩下一种可能就是牛棚着火了。小朋友们, 如果你们在生活当中, 碰到这种情况该怎么办? 记住了, 如果碰到火灾, 一定要马上告诉大人, 或者用电话拨打火警电话119。

11. 别怕，我没带枪

一天，警察发现独自在大街上溜达的笨笨，便上前询问。笨笨一时糊涂说不出自己叫什么名字，也弄不清住什么地方。警察无可奈何的开始翻他的衣兜，希望能找到一点线索。笨笨很配合，并且还嫩声嫩气地说："叔叔别怕，我没带枪。"

😊 读笑话学知识

笨笨以为警察叔叔把自己当成坏人了，所以才老老实实地说没带枪。其实警察叔叔是想帮他找到家。不管怎么说，笨笨还是幸运的，找不到家了，正好让警察叔叔碰到。如果没有碰到警察叔叔，那笨笨可就麻烦了。所以，小朋友们如果以后迷路了，最好请找大人帮忙拨打110报警，有警察叔叔帮忙就一定能找到家。

12. 傻瓜能不能吃

一家人正在吃西瓜。

笨笨问："爸爸，是瓜都能吃吗？"

爸爸说："是的。"

笨笨又问："那傻瓜也能吃吗？"

😊 **读笑话学知识**

傻瓜能吃吗？这个问题可把爸爸难住了，傻瓜本来就不是瓜，不是用来吃的。傻瓜含有贬低别人的意思，一般是用来骂人的。所以，小朋友们要懂得尊重别人，做个好孩子，不要随意说别人是傻瓜。

13. 头发与智慧

在看日本动画片《聪明的一休》的时候，爸爸问笨笨："你说一休为什么聪明呢？"

笨笨说："因为他没有头发呀！"

爸爸又问："头发与智慧有什么关系呢？"

笨笨说："你不是说，妈妈头发长，见识短嘛！"

😊 **读笑话学知识**

笨笨常听大人们说"头发长，见识短"，于是就记住了。其实，人的见识和智慧跟头发的长短完全没有关系。就算是一休也不是一生下来就聪明过人，见识和智慧都是靠努力学习得来的。

14. 谁知道得多

有一天，笨笨问父亲："爸爸，做父亲的总是比儿子知道的多吗？"

"是的。"

"蒸汽机是谁发明的？"笨笨又问。

"瓦特。"父亲神气地回答。

"那么，为什么瓦特的父亲不发明蒸汽机呢？"

😊 **读笑话学知识**

　　父亲比儿子知道的多，这个问题不能一概而论。在儿子小的时候，父亲当然比儿子知道的多。但是当儿子长大了，情况就不一样了。因为如果儿子学到的知识比父亲的多，这时候，父亲就不如儿子了。所以，瓦特发明了蒸汽机，可是他父亲却没有。

15. 换个称呼

笨笨十分淘气，整天缠着妈妈不是要这，就是要那，嘴里也不停地叫着："妈妈！妈妈！"有时，妈妈被吵得不耐烦了，就对笨笨说："你再叫一声'妈妈'，我就把你扔出去！"

笨笨不再做声了。

过了一会儿，妈妈把他抱到床上睡觉，笨笨又开口道："太太，我能喝点饮料吗。"

😊 读笑话学知识

妈妈要照顾一家人的衣食住行，每天都很累，笨笨一天到晚都那么调皮，要这要那，妈妈当然会生气。虽然笨笨叫妈妈的时候换了一个称呼，但淘气的本质没变。在生活当中，小朋友们都要体谅爸爸、妈妈的辛苦，做个懂事的孩子，尽量少给他们添麻烦。

16. 吃啥补啥

晚上吃饭的时候，爸爸跟笨笨说："来！吃块鸡腿，吃了它你就能跑得快些了哦！因为'吃啥补啥'！"

笨笨说："真的啊！我老师说我的计算能力差，那是不是要多吃几个计算机才会好呢?"

读笑话学知识

"吃啥补啥"不过是民间的一句俗语，不可过于当真。如果笨笨真要把计算机吃下去，先不说有没有效果，怎么消化都是个问题。其实，笨笨之所以计算能力差，很大程度上是因为他平时不努力学习，跟吃什么没关系。

17. 差一点

笨笨："妈妈，今天我差一点就见着我爸爸了。"

妈妈："见着就见着了，怎么是差一点呢？"

笨笨："爸爸的车牌号是 16888，而我见着的那个是 16887。"

😊 读笑话学知识

16887 和 16888 虽然只差一个数字，但却是完全不同的两个数，如果是车牌号，那就不是"差一点"，这样会引起别人的误会。

18. 太阳公公和狼外婆

笨笨从幼儿园放学后，发现家里来了客人——外公外婆。笨笨小手比划着说："你是太阳，她是狼！"外公外婆不解地问："谁说的？"笨笨说："这是老师说的，太阳公公好，给我们阳光，狼外婆狡猾，干了许多坏事！"

😊 读笑话学知识

在童话故事中，狼外婆是凶恶狡猾的象征，可不能随意地用来形容自己的外婆，这是一种不尊重老人的表现，外婆会生气的。

19. 油漆未干

笨笨第一次到动物园去游玩。当他看到豹子笼旁边挂着"油漆未干"的牌子时，不禁惊奇地叫起来："噢，我还以为豹子身上的斑点是真的呢！"

读笑话学知识

动物园的工作人员给豹子笼刚刷过油漆，油漆还没有干，怕沾到游人身上，所以挂上了"油漆未干"的牌子。笨笨以为是动物园给豹子刷了油漆呢！豹子身上的斑点是一生下来就有的，可不是谁给刷的油漆。小朋友们去动物园看豹子可不要闹出这样的笑话。

20. 电线杆子跑得快

一天，笨笨和妈妈坐火车，两眼看着窗外，突然笨笨大叫起来："妈妈，我发现了一个秘密！"妈妈很惊奇："发现什么了？"笨笨得意地说："妈妈，你看，这边的电线杆子比那个房子跑得快！"

😊 读笑话学知识

火车在开动的时候，窗外的景物看起来会向后走，其实窗外的景物是不动的，是火车在往前跑的过程中给我们的一种错觉，这也是一种"相对论"。小朋友要好好学习，像这些有趣的现象以后在课本上都会讲到。

21. 吹牛

笨笨："我家有一只大鼓，百里以外也可以听得到敲它的声音。"

丁丁："我家有一头牛，站在江南，头可以伸到江北喝水。"

笨笨连连摇头说："哪有那么大的牛？"

丁丁："没有我这么大的牛，哪有那么大的牛皮来蒙你的鼓！"

读笑话学知识

　　世界上根本没有笨笨说的那么大的鼓，也没有丁丁说的那么大的牛，吹牛的人说起话来，都不考虑实际情况。小朋友们要记住，在现实生活当中，跟别人交往，可不要吹牛，要实事求是，有什么就说什么，不要夸大其词。

22. 吃菠菜

有一天，笨笨问妈妈："妈妈你平时叫我多吃菠菜，说菠菜时里含铁。我吃那么多，用吸铁石吸了吸，为什么一根也没吸出来？

😊 **读笑话学知识**

无论是在菠菜里，还是在人体中，铁都是一种微量元素，含量是很少很少的，不可能用吸铁石吸出来。虽然是一种微量元素，但铁却是不可或缺的。如果人体缺铁，最容易贫血，身体也会虚弱。所以小朋友们吃饭的时候不要偏食，只有摄取均衡的营养，才能有个强壮的身体。

23. 脑子只有一个

父亲教笨笨学算术。

"一个加五个，等于几个？"

笨笨扳着手指头算了一会儿，答道："是六个。"

"七个加十五个呢？"

笨笨又扳着手指算，手指数不够，就加上脚指头，还是不够。怎么办呢？父亲看他发愁的样子，说："你不会用脑子吗？"

笨笨说："脑子只有一个，加上去还是不够用啊！"

😊 读笑话学知识

很多小朋友都有数指头做数学题的经历，碰到手指头不够用的情况该怎么办呢？那就用脑子呀！用脑子是动脑筋的意思，不是把脑子当做手指头用。多动脑子是为以后打基础。现在还小，可以用掰手指头，长大了再数手指头做数学题，别人会笑话你的。

24. 太阳胆子小

笨笨说："太阳的胆子真小！"

妹妹说："你怎么知道呢？"

笨笨说："因为它要白天才敢出来呢！"

读笑话学知识

　　如果一个人晚上不敢出门，就像笨笨说的一样，那是胆子小。可是太阳就不一样了，晚上看不到太阳，不是太阳胆子小，是因为地球在自转。到了晚上，我们在地球背对太阳的一面，当然看不到太阳了。等到了第二天，地球再转回来，我们就又能看到太阳了。

25. 医生

笨笨被妈妈带去医院看病。医生为了让笨笨不那么紧张，就指着他的耳朵逗他说："小朋友，这是你的鼻子吗？"

笨笨看了看医生，转过头很严肃地对妈妈说："妈妈，我们需要换一个医生了。他连鼻子和耳朵都搞不清，还怎么看病？"

😊 读笑话学知识

作为医生，怎么可能连鼻子耳朵都搞不清呢？医生是在跟笨笨开玩笑。我们在让医生看病的时候，一定要如实地回答医生提出的问题，这样才能让医生准确地判断我们得了什么病，不要像笨笨一样不理人家。

26. 食指

笨笨又在玩自己的手指头。妈妈说："孩子，别把手指含在嘴里，多不卫生啊！"

笨笨说："可是妈妈，您不是说这是'食指'吗？"

😀 读笑话学知识

食指是指大拇指与中指之间的手指。食指常常稍短于无名指，是人最灵活、最常用的手指。食指虽然有个"食"字，但不是用来含的。小朋友们不要养成含手指头的习惯，因为手指每天要接触很多东西，沾染各种细菌，像笨笨那样含手指头就容易得病。

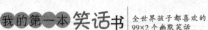

27. 猴子越来越少

笨笨问妈妈："妈妈，人真是从猴子变来的吗？"

妈妈说："是的，宝贝。"

笨笨说："哦，怪不得现在猴子越来越少，人越来越多。"

读笑话学知识

　　人是由远古时期的猴子进化而来的，要经过很长很长的时间，可不是像笨笨说的那样一下子就能"变"成人。以后学到"进化论"的时候，小朋友们就会明白这个道理。

28. 爸爸五岁了

"笨笨，你能说出你爸爸今年多大了吗？"幼儿园的老师问。

"爸爸今年五岁了。"笨笨答道。

老师笑了："笨笨，再想一想，难道你爸爸和你一样大？"

笨笨说："是的，我爸爸亲口对我说过，他是从我出生那天开始当爸爸的。"

😊 读笑话学知识

爸爸在笨笨没有出生之前的岁数，被笨笨忽略了。爸爸已经当了 5 年的爸爸，但爸爸的实际岁数可不止 5 岁哟！

29. 鱼淹死了

一个记者去幼儿园采访，看见一个班的窗前放着一个金鱼缸，里面只有一些水草，便问到："咦！里面的金鱼呢？"

"噢！前两天刚死掉了。"老师说。

"它是淹死的！"身旁的笨笨见记者满脸疑惑，便迫不及待地解释道。

😊 读笑话学知识

笨笨以为鱼跟人一样，在水里时间长了就会淹死。其实，根本不是这样。鱼只有在水里才能活，它靠鱼鳃呼吸水里的空气维持生命，并且鱼鳃也只能呼吸水里的空气，如果离开水，鱼反而会因为呼吸不到空气而死。所以，鱼在水里是永远不会淹死的。如果真的死了，也是因为生病而死。

30. 大象最好看

笨笨和幼儿园的小朋友去动物园后，妈妈问他："动物园里什么最好看？"

笨笨说："大象。它有两条尾巴，一条在后面，一条在前面。"

读笑话学知识

大象跟其他动物一样，也只有一条尾巴。笨笨说的另一条"尾巴"是大象的长鼻子。大象的长鼻子是大象最显著的特征。小朋友们可不要小看大象的鼻子，大象可以用它捡拾东西，起着胳膊和手指的作用，能把水与食物送入口中，用处可大了。

31. 借气筒

笨笨家里买了一只新气筒，四周邻居都来向笨笨的爸爸借气筒给自行车打气。笨笨看了担心地说："爸爸，大家都来借气筒，将来气筒里的气打完了，那咋办呀？"

读笑话学知识

笨笨之所以担心，是因为他不知道打气筒的工作原理。打气筒的工作原理是，从外面吸进空气，然后压缩，压力到了一定程度，空气就会被压进轮胎里。只要世界上还有空气，气筒里的气就不会用完。

32. 思想者

爸爸、妈妈带笨笨和妹妹去看罗丹的雕像"思想者"。

"我奇怪他不穿衣服在思索什么?"妹妹问。

"也许他正在思索洗澡塘在哪!"笨笨答道。

读笑话学知识

"思想者"是法国著名雕塑家罗丹的代表作品。这尊雕像塑造了一个强有力的劳动男子。这个巨人弯着腰,屈着膝,右手托着下颌。至于"思想者"为什么不穿衣服这个问题,并不是像笨笨说的想去洗澡,它有着丰富的艺术内涵,对于我们现在这个年龄还有些复杂,等长大了就会明白。

33. 爸爸杀死了死海

小明一向很自豪他爸是很伟大的工程师，有一天他问笨笨："你知道喜马拉雅山吗？"

笨笨："知道啊！那又怎样？"

小明："那是我爸建的喔！"

笨笨："我爸是很伟大的神枪手！你知道死海吗？那是我爸杀死的！"

小明："……"

读笑话学知识

世界上的确有一片很大的湖泊叫死海，但死海可不是被哪个人杀死的。死海位于约旦和以色列交界，是世界上最低的湖泊，湖面海拔负422米。死海湖中及湖岸均富含盐分，在这样的水中，鱼儿和其他水生物都难以生存，水中只有细菌和绿藻，而没有其他生物；岸边及周围地区也没有花草生长，故人们称之为"死海"。

34. 汽车救生圈

难得跟着妈妈出门的笨笨走在街上忽然问妈妈："跑在路上的汽车也会掉进水里吗？"

"你怎么会有这种怪念头？"妈妈莫名其妙。

"妈妈你瞧！"笨笨用手指着汽车上的备用胎，"好多汽车都自己带着救生圈呢！"

读笑话学知识

笨笨有着非常丰富的想象力，这不，笨笨又把汽车后面的备胎当成了救生圈。

汽车的备胎可不是用来游泳的，如果汽车在半道上爆胎撒气了，司机叔叔就可以马上换上备胎继续行使，这样不会耽误事。

35. 男士和女士

毛毛："我妈妈是硕士，爸爸是博士。"

笨笨："有什么了不起!"

毛毛："你爸妈是什么士?"

笨笨："爸爸是男士，我妈妈是女士。"

😊 读笑话学知识

硕士和博士是学位的名称，如果小朋友们努力学习，等大学毕业了就会做硕士和博士。而男士和女士是在人际交往的过程中对人的尊称，和硕士、博士是完全不同的概念，属于不同的范畴，没有可比性。笨笨搞混了。

四、笑死人的校园生活

1. 最短的作文

这天，老师要同学们晚上在家里看一集的少年电视剧，然后写观后感。笨笨没有看电视剧，他写了一篇两个字的作文：《停电》。

老师说他撒谎，不可能停电，叫他今晚看第二集后再写一篇。笨笨还是没看，写了一篇五个字的作文：《电视机坏了》。

读笑话学知识

很明显，笨笨在偷懒，事实可能不是笨笨说的那样。就算是真的停电了，那也不能因此就不写作文了。一碰到困难，就

找各种各样的理由是一种很不好的习惯。越是有困难就越要有努力学习的决心，这样才能提高自己的学习成绩，长大了才能有一番作为。

2. 老师迟到了

一天早上，数学老师很晚才起床，匆匆忙忙赶到学校。庆幸的是没碰到校长检查，于是她飞快地跑到教室里面去。学生们已经坐在座位上等她了，她抱歉地说道："同学们，作为一个老师竟然迟到了，对不起，我没有资格享受大家的敬礼，今天就不用起立叫'老师好'了。"班长笨笨说："不，知道错的老师才是好老师，才有资格让我们敬礼，我们一定要叫。同学们，起立！"于是同学们以很高的声音叫道："老师好！"数学老师无奈地说道："完了完了，这下校长一定知道我迟到了。"

由于同学们对老师的尊重，反而给老师找麻烦了，当然同学们是不会想到这一点的。谁都有犯错的时候，承认错误，并且能够改正，我们就要原谅他。

3. 课堂问答

"同学们，谁知道骆驼不同于其他动物的特点？"一片沉默。老师略作沉思，进一步解释说："也就是说，骆驼有什么东西是其他动物所没有的呢？"

笨笨回答："有，是小骆驼。"

读笑话学知识

很明显，笨笨的回答虽然正确，但是毫无意义，不能作为标准答案。骆驼身上有一样东西，其他动物都没有，那就是驼峰。驼峰是骆驼背部隆起的像山峰状的部分，里面储藏着大量脂肪，可供维持正常行动，因此骆驼可以较长时间不吃不喝。

4. 老师的评语

每到期未考试完毕，学校都要为每个学生写评语。学习成绩排在前几名的同学的评语就不必说了，一定是什么"学习成绩优秀"、"学习成绩优异"，等等。可对于成绩总是排在最后一名的笨笨的评语，总是让老师费一番脑筋。这次，老师想出了一句评语，对其进行了恰当的评价："该同学学习成绩稳定。"

😊 **读笑话学知识**

对于成绩总是排在最后一名的笨笨，老师没有直接说，而是用一种委婉的方式，说笨笨的学习成绩一直稳定，这样做的好处是可以保护笨笨的自尊心不受到伤害。

5. 母鸡的年龄

在一所小学里，老师问："笨笨同学，你能不能说说人们是凭什么来识别母鸡的年龄的？"

"用牙齿，老师！"笨笨回答。

"但是，母鸡并没有牙齿呀。"

笨笨说："母鸡没有牙齿，可我有。如果母鸡的肉很嫩，年龄就小；如果咬也咬不烂，年龄就老！"

😊 读笑话学知识

笨笨肯定喜欢吃鸡肉，所以才发明了这个方法。鸡的肉质细嫩，滋味鲜美，适合多种烹调方法，并富有营养。但对于小朋友们来说切忌吃过多的炸鸡翅等高热量食品，以免引起肥胖。

6. 最难办的事

有一次语文课，老师出了一个题目"记最难办的一件事"，让同学们做作文。半个小时过去了，许多同学快完成了，可是笨笨却连一个字也没有写。

老师走过去，问他为什么迟迟不动笔，笨笨皱着眉头说："作文就是我最难办的一件事。"

😊 读笑话学知识

写作文对笨笨来说是很难的一件事，但是再难也不能放弃。写作文对于小朋友来说有很多好处，它可以开阔你的思维，让你敞开思想，任意的想象，它还可以培养你的语言表达能力。

7. 问答

老师:"我给同学们出两个问题,谁只要回答出第一个问题,就不要求他回答第二个问题了。现在我问第一个问题:谁知道自己有多少根头发?"

笨笨:"我知道,我有 99999 根头发。"

老师:"你是怎么知道的?"

笨笨:"老师,这是第二个问题,你不能要求我回答了。"

😊 **读笑话学知识**

头发除了使人增加美感之外,主要是保护头部。夏天可防烈日,冬天可御寒冷。细软蓬松的头发具有弹性,可以抵挡较轻的碰撞,还可以帮助头部汗液的蒸发。一般人的头发约有 10 万根左右。在所有毛发中,头发的长度最长。

8. 行为不礼貌

老师在给同学们上道德教育课时，发现学生笨笨正伏在桌上打盹儿，就叫道："笨笨同学！"

笨笨被惊醒了，回到道："到！"

老师："什么叫行为不礼貌。"

笨笨大声说："打扰别人休息的行为不礼貌！"

老师："……"

读笑话学知识

笨笨在课堂上睡觉，这本身就不对，怎么能怪老师不礼貌？老师做得没错。不过在生活当中，对于别人正常的休息，我们就不能随意打扰了，那确实是不礼貌的行为。

9. 缺点

老师："你认识到上课睡觉的缺点了吗?"

笨笨："认识到了。"

老师："缺点是什么?"

笨笨："缺点是不如睡在床上舒服。"

😀 读笑话学知识

　　小朋友们都知道上课的时候经常趴在桌子上睡觉影响学习,但对健康的危害大家知道吗? 趴着睡觉的危害可不是笨笨说的舒服不舒服的问题。首先,由于趴着睡觉的姿势使身体弯曲度增加,导致呼吸不通畅,体内氧气供应自

然会不充足。压迫胸部的姿势还会诱发各种心脏疾病。还有,趴睡的姿势会压到眼球,眼睛容易充血,造成眼压升高,往往醒后会出现暂时性的视力模糊,尤其是高度近视的人更要注意。趴着睡觉的危害还有很多,小朋友一定要注意不在课堂上睡觉。只要晚上不贪玩,早点休息,第二天就一定会有充足的精力听课学习。

10. 这就叫懒惰

课堂上，老师布置了一篇作文，题目是《什么叫懒惰》。

晚上，老师在灯下批改作文。当他翻开笨笨的作文本时，发现第一页是空白的，接着，第二页也是空白的，只是到了第三页，才见到了一行字："这就叫懒惰!"

😊 读笑话学知识

懒惰使人不思进取，不但浪费宝贵的时间，还能使人产生心灵上的空虚感。对于小朋友们来说，懒惰拖延是最危险的恶习，一定要改正。

11. 鹦鹉和画眉

老师问笨笨："有两只鸟，你怎样分辨出哪一只是鹦鹉，哪一只是画眉？"

"这还不简单。"笨笨回答到，"站在鹦鹉旁的是画眉，站在画眉旁的是鹦鹉。"

😊 **读笑话学知识**

　　笨笨的答案等于没说，还是没说清楚哪个是鹦鹉，哪个是画眉。很多小朋友都知道鹦鹉，可是画眉就很少见了。画眉的叫声洪亮，婉转动听，并能仿效多种鸟的叫声。画眉的体长约24厘米，背部羽毛绿褐色，下体黄褐色，腹部中央灰色，头色较深而有黑斑。画眉具有明显的白色眼圈，眉纹向后延伸呈蛾眉状，所以人们叫它画眉。

12. 罚款制

笨笨的班主任在班里宣布："为了制止逃课现象，我们班实行罚款制。具体办法是：逃一节课罚款五角，以充班费。"

笨笨听后，看了看课程表，然后掏出五角钱给班主任，说："今天下午第三节，我逃五毛的。"

😊 读笑话学知识

小朋友们要知道，学校和班级里的各种惩罚制度不过是一种手段，目的还是为了大家都能养成遵守纪律的习惯，并不是为了挣钱才这样做的。可是笨笨却把这种措施当成了买卖，这是不对的。

13. 猜错了

老师："你为什么总是不洗脸？你瞧，连你今天早餐的残渣还挂在脸上。"

笨笨："那您说我早上吃的是什么？"

老师："果酱面包。"

笨笨："您说错了，那是昨天早上吃的。"

读笑话学知识

天啊！昨天吃的饭渣还在笨笨脸上，可见笨笨至少两天没洗脸了。笨笨也太不讲卫生了。勤洗手、勤洗脸，不仅可以让我们有个好形象，还可以预防各种疾病，有很大的好处。大家一定要养成讲究卫生的好习惯。

14. 单数和复数

数学老师问笨笨："你现在理解了什么是单数和复数吗?"

"理解了。"笨笨回答。

"那么一条裤子是单数还是复数呢?"老师又问。

"很简单!"笨笨回答,"上面是单数,下面是复数。"

😊 读笑话学知识

笨笨把一条裤子分成了两部分来看,下面是两条裤腿,自然就是双数,这是不对的。一条裤子是个整体,不能分开,一条裤子就是单数。

15. 以牙还牙

在学校里，有不少学生正戴着不锈钢牙箍接受牙齿矫正手术。

有一天，一位教师试着引发学生回答什么是"反哺"，就举例问道："你们的父母亲现在花了很多钱替你们矫正牙齿，将来父母亲年纪老了，你们就花钱替他们镶了假牙，这种情况叫什么？"

笨笨答道："以牙还牙。"

读笑话学知识

"以牙还牙"是一句成语，用牙咬来对付牙咬，比喻针锋相对地进行回击。在这个笑话中，笨笨显然是在乱用成语。

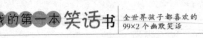

16. 名字不是抄的

老师问笨笨："你的试卷是抄了别人的吧？"

"是的！是抄了些，但不全是。"笨笨答道。

老师又问："那么，哪些地方不是抄的呢？"

笨笨想了想说："嗯……我的名字就不是抄的嘛。"

😊 读笑话学知识

　　就剩下名字不是抄的，其他的试题全是抄别人的。笨笨不知道羞耻，还有脸说。有些小朋友不仅考试的时候想方设法抄别人的答案，平时做作业也是抄别人，时间长了，自己就变得越来越懒惰，越来越没有学习的积极性，最后还是把自己给害了。有这种习惯人，一定要马上改正。

17. 我教老师

头一天去上学的笨笨放学回来，妈妈问："孩子，今天老师都教你些什么？"

笨笨说："他什么也没有教给我，反倒问我'一加二是几？'我就教他说：'是三'。"

读笑话学知识

老师提问学生是一种很正常的教学方式，是为了考查学生学到的知识是否掌握了。笨笨显然误会了老师的这种做法了。

18. 点蜡烛看电视

老师在课堂上检查她布置的家庭作业，检查到笨笨时，笨笨说"老师，昨晚我家停电了。"

老师问："那你一晚上都干嘛啦？"

笨笨说："看电视啊！"

老师说："你们家不是停电了吗？"

笨笨说："不是！是这样的，"小明慌了说，"我点蜡烛看的！！"

🙂 读笑话学知识

笨笨又在撒谎了。笨笨忘了电视也需要电才能看。既然是停电了，电灯和电视还有一切家用电器是都不能用的。小朋友们不要像笨笨一样经常撒谎，如果养成这种坏习惯，以后别人就不会相信我们了，我们也不会有真正的好朋友。

19. 猪的用处

老师说："猪是一种很有用的动物，它的肉可以吃，它的皮可以做皮革，它的毛可以做刷子，现在有谁说得出它还有其他用途吗？"

"老师，"笨笨站起来答，"名字可以用来给人起外号。"

😊 读笑话学知识

笨笨是个调皮的孩子，在学校经常给别人起外号。看到头脑反应慢一点的，或者长得胖一点的同学，都会被笨笨冠以"猪"的外号。随意给别人起外号是一种不文明的行为，会伤害别人的自尊心，不利于同学间的相互团结，所以大家要杜绝这种行为，不要随意给别人乱起外号。

我的第一本笑话书 全世界孩子都喜欢的99×2个幽默笑话

20. 章鱼的手脚

在生物课上，老师问："如何分辨章鱼的手和脚？"

笨笨举手回答："放个屁给它闻，会捂住鼻子的就是手，其他的就是脚。"

😊 读笑话学知识

笨笨又在乱说了。其实章鱼是不分手和脚的，它们的手脚统称做"腕"，共有8条可收缩的腕，每条腕均有两排肉质的吸盘，能有力地抓住食物。

21. 监考老师不同

"都是同一老师教的，为什么有的同学考得很好，有的同学很差啊？"班主任在大考后又训话了。

全班无语，这时笨笨的声音从角落里响起："因为监考老师不同。"

😊 读笑话学知识

考得成绩好不好跟监考老师没有关系，考试成绩还是个人努力的结果，监考老师不过是监督大家不要作弊。笨笨平时学习不努力，一考试就想着作弊，只有他这样的人才会把考试成绩联系在监考老师身上。

22. 扑朔迷离

教师指着黑板上写着的"扑朔迷离"说："笨笨同学，你说说这句成语的意思。"

笨笨站起来，推了推架在鼻梁上的高度近视眼镜，朝黑板上仔细地望了一会儿，无可奈何地说："看不清楚。"

老师："笨笨同学说对了，请坐下。"

读笑话学知识

扑朔迷离有看不清楚的意思。扑朔迷离的原意是指难辨兔的雄雌，比喻辨认不清是男是女。后来形容事情错综复杂，不容易看清真相。不过，笨笨可没有回答老师的问题，他的意思是他看不清黑板上的字。看来，笨笨要注意用眼卫生了。

23. 六次战争

历史老师在课堂上提问："西班牙在 15 世纪发生了多少次战争？"

"六次。"笨笨很快就答出来了。

"哪六次？"老师又问。

笨笨回答："第一次、第二次、第三次、第四次、第五次和第六次。"

😀 **读笑话学知识**

笨笨又在犯这种错误了，给出的答案毫无意义。他知道有六次战争，却不知道是哪六次，这是不认真学习，一知半解的表现。同学们在学习的时候一定要把问题掌握完整，不能只掌握一部分。

24. 发电站和猫

物理老师讲电的原理:"摩擦可以生电。比方说,只要逆着抚摸猫的皮毛,就可以看到电火花。"

"天哪,"笨笨叫道,"那发电站得养多少猫啊!"

😊 读笑话学知识

抚摸猫的皮毛的确可以生电,但用那种方式生成的都是静电,很难被利用。发电厂可不会用猫去发电,是笨笨的想法太简单了。

25. 惩罚

老师问笨笨："你考试没有考好的话，你父母怎么惩罚你？"

笨笨说："80 分以下女子单打，70 分以下男子单打，60 分以下男女混合双打。"

😊 **读笑话学知识**

笨笨好可怜，他的爸爸、妈妈怎么能用暴力去惩罚自己的孩子？小朋友记住了，不管是家长还是老师，都不能体罚我们，这对我们的成长很不利。如果你碰到这种情况，就把道理跟他们说清楚，并且自己也要争气，努力学习，不给老师和父母惩罚的机会。

26. 历史在重演

笨笨的父亲问老师："请您告诉我，我儿子历史课的成绩怎样？当年我读书的时候，我对这门功课不感兴趣。有时还不及格……"

老师回答说："你儿子么……历史正在重演。"

读笑话学知识

"历史在重演"，老师的意思是说笨笨历史课的成绩跟他爸爸一样，都不及格。有一句话说，父母是孩子最好的老师，孩子的学习成绩也会受到爸爸、妈妈的影响。小朋友们可以把这个笑话告诉自己的爸爸、妈妈，督促爸爸、妈妈也努力学习，这样一来，大家就可以相互帮助，你的学习成绩自然也就上去了。

27. 妙答

老师："同学们，火箭为什么能上天？谁能回答这个问题。"

过了很久没人回答。刚打完瞌睡的笨笨醒来后，一问旁边的同学，就站了起来："老师，这个问题太简单了。"

老师感到意外："那就请你就回答吧！"

"老师，你想火箭的屁股都着火了，它能不蹦上天吗？"

😊 读笑话学知识

火箭又不是人，根本不是因为屁股着火才飞上了天。火箭之所以能上天的原因是，强大的热气流高速向后喷出，利用产生的反作用力向前运动。

28. 只求一件事

在毕业前夕，学习成绩一向很差的笨笨对他的英文老师说："谢谢您，老师。我非常感谢您。我虽然毕业了，但您永远是我的老师，如果您要我做什么事情，千万别客气。"

"好吧，请替我做件事。"老师说，"你千万不要告诉别人我曾教过你英语。"

读笑话学知识

英语老师为什么不让笨笨告诉别人，他曾经有笨笨这样一个学生？因为笨笨太贪玩，不爱学习，他的英语成绩实在是太差劲了。对于一个老师来说，教一个不争气的学生是一件很没面子的事。所以，我们如果要报答老师的培育之恩，最好的方式就是好好学习，不断提高学习成绩，这是给自己争光，也是给老师争光。

29. 恰巧

老师："'恰巧'一词怎么解释？"

笨笨："是凑巧同时发生的意思。"

老师："举一个例子来说明。"

笨笨："爸爸和妈妈恰巧在同一天结婚。"

😊 读笑话学知识

笨笨把爸爸妈妈结婚这件事给误解了。"恰巧"的本意是两件不相干的事在同一时间、同一空间发生。爸爸、妈妈结婚是属于同一件事，他们在同一时间、同一空间结婚是一种必然现象，而不是巧合。所以，这里就不能用"恰巧"来说了。

30. 补课

笨笨最近迷上了打扑克，老师跟他说："从今天起，我给你补课，以后不要再把时间都放在扑克牌上了。"

笨笨："是。"

老师出题："十加三等于多少?"

笨笨回答："老 K!"

☺ 读笑话学知识

从小培养一项有益身心的业余爱好是非常正常的，但是却不能为此就玩物丧志、不思进取了，如果一门心思地把精力放在业余爱好上，那学业早晚会荒废掉。

31. 地摊货

上级领导到学校视察，看见教室里有个地球仪，便问笨笨："你说说看，这个地球仪为何会倾斜23.5度？"

笨笨惶恐地答道："不是我弄歪的！"

领导摇摇头，转问亮亮。亮亮双手一摊，说道："您也看见，我是刚刚才进来的！"

领导疑惑地问老师怎么回事。老师满怀歉意地说："不能怪他们，这地球仪买回来时已经是这样的了。"

在一旁的校长见领导的脸色越来越难看，忙解释："说来惭愧，因为学校经费有限，我们买的是地摊货。"

😊 读笑话学知识

因为缺乏最基本的常识，整个学校，从学生到校长竟然都不知道地球仪为什么倾斜23.5度。因为地球是围绕一个23.5度的倾斜轴自转的，所以相应的，做出的地球仪也应该是倾斜的，这不是其他原因造成的。

32. 那个人就是我

笨笨做事总是毛毛躁躁，惹是生非，所以老师特别注重对他的思想品德教育。

一天，笨笨对老师说："老师，今天有个小朋友掉进坑里了，他们都笑他，就我没笑。"

老师说："嗯，很好，你告诉我，是哪个小朋友掉进坑里了？"

笨笨说："那个掉进坑的人就是我。"

读笑话学知识

笨笨平时总爱嘲笑别人，这次轮到了自己，他也终于体会到了被人嘲笑的滋味。小朋友在跟人交往的时候都要遵循这样一个原则：将心比心。你用某种方式对待别人，应该首先想想，假如别人用这种方式对待自己，自己会是什么感受？如果自己的感受不好，那就不要用这种方式对待别人，因为人都是一样的，你这样对待别人，别人的感受同样不好。

33. 文盲

在课堂上，老师对笨笨说："你举一个例子，说明一下文盲的害处。"

笨笨说"比方说吧，苍蝇如果不是文盲的话，它就不会往明明写着'灭蝇'字样的胶纸上落了。"

😊 读笑话学知识

连苍蝇离开了知识都是死路一条，笨笨的说法虽然荒唐，但也形象地指出了知识的重要性。知识改变命运，文盲是没有出路的。大家都要好好学习，首先让自己不再是文盲，等长大了再去帮助别人摘掉文盲的帽子，只要我们一起努力，以后我们国家就不会再有文盲了。

五、快乐家庭

1. 喂蚊子

姑姑在卧室里喷上灭蚊药，带笨笨出去散步。

路上，笨笨不解地问："姑姑，你为什么不买二斤肉挂在家里？让蚊子吃饱，它不就不咬咱们了吗？"

😀 读笑话学知识

笨笨懂得的常识太少了，他应该知道，蚊子是不吃肉的。蚊子最喜欢吸食人的血液。蚊子主要的危害是传播疾病。据科学家研究，蚊子传播的疾病达80多种。

2. 翻跟头

笨笨病了，但刚吃完药就开始不老实了。妈妈问："你干吗一个劲儿翻跟头？"

笨笨："我刚喝完药啊。我喝之前忘了把瓶里的药水摇匀……"

读笑话学知识

生病了，应该注意多休息。药在肚子里还怎么能摇匀呢？

3. 我也跟你结婚

笨笨长到了七岁。一天，很不服气地说："为什么你们总叫我晚上一人睡？"

妈妈："你已经是我们家的小大人了！"

笨笨说："爸爸也是大人，怎么还跟你睡？"

"我们是结婚了的，就得一起睡。"妈妈回答。

笨笨想想说："妈妈，我也跟你结婚。"

😊 读笑话学知识

笨笨现在还是孩子，可以跟妈妈一起睡，长大了就不可以了。小朋友们都有长大的那一天，都要离开妈妈独立生活，不可能依靠妈妈一辈子，所以大家都要从小培养独立自主的习惯。

4. 儿子的同情

爸爸给笨笨讲小时候经常挨饿的事，听完后，笨笨两眼含泪，十分同情地问："哦！爸爸，你是因为没饭吃才来我们家的吗?"

😀 **读笑话学知识**

爸爸可不是因为没饭吃才来笨笨家的，这个家是因为爸爸才有的，爸爸和妈妈结婚，然后才有了笨笨。爸爸小时候的生活非常困苦，他能让笨笨过上今天的好日子非常得不容易，小朋友们的爸爸也都一样，所以我们要珍惜现在的好日子，感谢我们的爸爸，用心去爱我们的爸爸。

5. 快叫爸爸

周末早上，笨笨的爸爸在家睡懒觉，他的朋友老李来访，妈妈正忙着，只好对笨笨说："快！快去叫爸爸。"笨笨望着妈妈，迟疑了一会儿，跑到老李面前很不情愿地喊了一声："爸爸！"

☺ 读笑话学知识

妈妈的意思不是让笨笨去喊李叔叔爸爸，而是让笨笨去把睡觉的爸爸叫起来，是笨笨理解错了，这才闹出了笑话。小朋友们要记住，"爸爸"是个很严肃、很庄重的称呼，只能用在自己的爸爸身上，可不能随意乱叫，如果乱叫的话，对自己来说是一种侮辱。

6. 菜刀结实

一天，爸爸正在刮胡子，突然刀片坏了，便气愤地说："哼！这破刀片，才买几天就坏了，真气人！"

笨笨马上跑到厨房拿来菜刀递给爸爸："爸爸，用这个刮吧。这个结实！"

😃 **读笑话学知识**

爸爸的剃须刀是专用的，可不能用其他的刀代替，那样的话，爸爸不仅刮不掉胡子，还会受伤的。笨笨虽然是好心，却因为不知道菜刀不能刮胡子，又做错了事。

7. 到底有多远

　　去年夏天，笨笨一家开车去另一个城市玩。出发前，妈妈告诉笨笨和妹妹，旅程很长，谁也不许问"还有多远""什么时候到"之类的问题。

　　旅程刚开始，果然没有人提问题。到了第三天晚上9点钟，5岁的笨笨叹了一口气，说："等我们到达，我会不会已经6岁了？"

😊 读笑话学知识

　　旅途虽然很远，但怎么也不至于用一年的时间，是笨笨想得太多了。爸爸、妈妈平时都很忙，能出去玩一次，机会很难得，所以在旅途上小朋友们尽量不要给爸爸、妈妈添乱，服从爸爸、妈妈的安排，这样才能玩得愉快，才能有一个难忘的旅程。

8.为什么没有带我一起去

爸爸回忆他在童年时代："那时候真好，在野外捕蝉，到溪中捞虾子，整天睡在草地上，无忧无虑真好！"

笨笨睁大眼睛，听得入神，忽然哇的一声哭了出来。

"怎么啦？"父亲惊讶地问。

"你为什么没有带我一起去！哇……"说着笨笨又继续哭下去。

😊 **读笑话学知识**

爸爸小的时候笨笨还没有出生，怎么可能带笨笨一起去玩呢？是笨笨又在无理取闹了。没关系，等爸爸有时间了，会带笨笨一起去玩，也算补偿了。

9. 老幼病残孕专座

　　一天在拥挤的公车上，笨笨看到老幼病残孕专座空着，于是很体贴地叫爸爸过去坐。爸爸告诉笨笨："那是老幼病残孕专座，是给上了年纪的爷爷、奶奶、小朋友和大肚子的阿姨坐的，我不能坐。"没想到笨笨回答："你可以坐啊！你也有大肚子！"爸爸摸着自己的肚子一脸的尴尬。

读笑话学知识

　　爸爸怎么会有大肚子？那是爸爸的啤酒肚。现在生活好了，很多人都有啤酒肚，啤酒肚主要是因为喝酒、贪吃、活动少造成的。啤酒肚并不是好现象，是不健康的表现。如果小朋友们的爸爸有啤酒肚，一定要提醒他们注意，平时少喝酒、多活动。

10. 资金全部冻结了

笨笨有一个存钱盒，放在衣柜的抽屉里。爸爸和妈妈需要零钱时，就从他的钱盒里掏，并留下一张借条。笨笨显然不喜欢这种做法。

一天，爸爸有了零钱，想把以前拿的钱还给笨笨，结果找到钱盒，发现里面只有一张小纸片，上面写着："亲爱的妈妈、爸爸，我的钱在冰箱里，我希望你们明白，我的资金已全部冻结了。"

😀 读笑话学知识

笨笨有自己的小金库，为了不让爸爸、妈妈从里面拿钱，他还把自己的资金都"冻结"了。"冻结"这个词是法律用语，意思是把存款账户封存起来，除了相关部门，任何人都不许动里面的钱。

11. 寄信

　　爸爸让笨笨去邮局发信，笨笨走了以后，爸爸才想起忘了在信封上写上地址。当笨笨回来后，爸爸赶忙问："你有没有发现那封信没写地址？你还没有把它投进信箱吧？"

　　"已经投了！不过，没写地址我倒是早就发现了。"

　　"那你为什么不说呢？"

　　"我以为你不想让我知道写给谁。"

😊 读笑话学知识

　　如果不往信封上写收信人的地址，这就是一封送不出去的信，笨笨却不知道，还天真地以为不想让他知道这封信写给谁。如果爸爸在信中有重要的事，这不就全耽误了？

12. 爷爷的生日

爷爷说:"今天是我的生日。"

笨笨问:"'生日'是什么意思?"

"生日嘛,就是说爷爷是今天出生的。"

笨笨听了,瞪大眼睛说:"啊,今天生的怎么就长这么大了呀!"

😊 读笑话学知识

人的生日是每年都有的,如果没有特殊的情况,那就是一年一次。如果爷爷70岁了,那就是70年前的今天出生的,已经过去70年了,并不是一天就长这么大的。

13. 历史故事

笨笨老是缠着爸爸要他讲历史故事。爸爸说："好！有一只青蛙……"笨笨："哎呀！人家要听历史故事啦！"爸爸："好吧，在宋朝，有一只青蛙……"

☺ **读笑话学知识**

爸爸的故事讲来讲去都是围绕着青蛙展开，不够诚意，好像是在应付笨笨。不过，青蛙这种动物倒是值得小朋友多多了解的。青蛙捕食大量田间害虫，对人类有益。它是害虫的天敌，庄稼丰收的卫士。

14. 吠狗不咬人

父子俩在林荫道上散步。突然，看到一条大黑狗对着他们狂吠。笨笨害怕极了，躲在爸爸身后。

爸爸说："别怕，孩子。你知道'吠狗不咬人'这条谚语吗?"

笨笨说："我知道，爸爸。可是那条狗知道这条谚语吗?"

😊 读笑话学知识

狗当然不懂得什么谚语，它想咬人的时候就会咬，不会考虑、也不会跟你商量的。所以对待它们一定要小心，如果不小心被狗咬伤了，也千万不要大意，赶紧拨打120急救电话找医生处理。

15. 开的关的

有一次爸爸开车带笨笨去一个亲戚家作客，由于赶时间，爸爸车开得很快，远远超过了最高限速。

"笨笨!"爸爸叫，"回头看看有没有警车跟着咱们!"

"有的，爸爸。"

爸爸一听，心中一紧，于是对笨笨说："看看那警车上的警灯是开着的还是关着的。"

笨笨又回过头来，看着车后面，说："开的、关的、开的、关的、开的、关的、开的、关的……"

 读笑话学知识

因为警灯打开的时候是一闪一闪的，所以看起来好像是开一下又关一下，如此循环。笨笨所说的"开的、关的、开的、关的……"，其实就是开着的警灯。小朋友们知道警车上的警灯有什么作用吗？首先是震慑犯罪分子，犯罪分子在作案的时候看到警灯都会害怕，有的就会乖乖地投降。还有一个作用就是，警察叔叔在执行任务的时候提醒路人让行。

16. 继续努力

笨笨："爸，这次考试我有一半科目不及格。"

爸爸："没关系，继续努力就行了！"

一个月后。

笨笨："爸，这次我有一半的科目及格了！"

爸爸："不错，有进步，继续努力。"

😊 读笑话学知识

从"一半的科目不及格"到"一半的科目及格"，成绩一点儿没有进步，还是那么差劲，只不过被笨笨换了个说法，听起来感觉就不一样。爸爸也不动脑子，竟然真被笨笨给蒙住了。

17. 盘子打了

晚饭后，妈妈和妹妹一块儿洗碗盘，爸爸和笨笨在客厅里看电视。突然，厨房里传来打破盘子的响声，然后一片沉寂。

笨笨望着他爸爸说："一定是妈妈打破的！"

"你怎么知道？"爸爸问。

笨笨说："她没有骂人。"

😊 读笑话学知识

从笨笨的话里，我们可以知道，笨笨妈妈的脾气不好，别人犯了错她就会骂人。如果突然有什么事办砸了，妈妈却没有骂人，那这件事一定是妈妈干的。其实，很多人都是这样，看别人犯了错就会埋怨，就会嘲笑。而一旦犯错的人是自己，就什么都不说了。我们不要做这样的人，别人犯错要学会理解和宽容，给别人改正和解释的机会，大家和睦相处，这样多好。

18. 救救爸爸

笨笨第一次在电话里听到她爸爸的声音时，便大声哭了起来，妈妈问道："孩子，怎么啦?"

"妈妈，"笨笨哭道，"我们怎样才能把爸爸从这样的小洞眼里救出来呢?"

☺ **读笑话学知识**

爸爸并没有被关在电话里，电话里爸爸的声音是通过电话线从远处传来的。只是笨笨还小，他不知道。关于电话，小朋友们知道多少呢? 电话是人类历史上一项伟大的发明，它的发明者叫贝尔。1892 年纽约芝加哥的电话线路开通。电话发明人贝尔第一个试音："喂，芝加哥!"这一历史性声音被记录下来。电话传入我国，是在 1881 年。今天，世界上大约有 7.5 亿电话用户。这一伟大发明从本质上改变了我们的生活。

19. 多一点

妈妈："这次考外语，奇奇考了85分，你考了多少？"

笨笨："我比他多一点。"

妈妈："86分吗？"

笨笨："不是，是8.5分。"

😊 读笑话学知识

　　仅仅是多了一点，85分一下子就成了8.5分。这小小的一点竟然造成了这么大的差距，这就是小数点的"威力"，小朋友们在学习数学的时候可不要再小看它了。

20. 牛奶与猪肉

爸爸劝笨笨喝牛奶，说："喝了牛奶，将来力大如牛……"

第二天，笨笨不吃猪肉了。爸爸问他为什么，笨笨说："吃了猪肉，将来岂不要蠢笨如猪吗？"

爸爸哑然。

☺ 读笑话学知识

喝了牛奶并不会力大如牛，同样，吃了猪肉也不会蠢笨如猪，这都是人们夸张的说法，并不是事实。小朋友们都不要养成挑食的毛病，任何食物都有它的营养价值，均衡地摄取营养，才能有个健康的身体。

21. 练习当老师

爸爸："老师在家长会上跟我说，你上课总爱讲话，以后要改正。"

笨笨："为什么要改正？在课堂上老师讲的话比我要多好几倍呢！"

爸爸："那是老师在讲课，不说话怎么讲？"

笨笨："您不是经常讲'凡事要从小时候做起'吗？我长大也要当老师，现在不练怎么行？"

读笑话学知识

笨笨以为，只要说话多就能当老师。事实不是这样，笨笨把老师这个职业想得太简单了。想做老师，口才倒是次要的，最主要的还是知识和修养，如果不具备这两样，口才再好也教不出好学生，当然这也就是个不合格的老师。

22. 谁去开家长会

爷爷退休了，报名上老年大学。正读一年级的笨笨好奇地问："爷爷，你还读书啊！"爷爷说："我读书有什么不好吗？"笨笨说："好是好，就是万一你学校通知开家长会，你没爸爸妈妈，谁给你去开呢？"

读笑话学知识

在笨笨眼里，开家长会是非常非常重要的一件事，如果没有家长去开家长会，那就不能上学。可是对爷爷来说就不是这样了，在爷爷眼里，重要的是读书学习，开不开家长会都是次要的。爷爷这种"活到老，学到老"的精神值得我们每个人学习。

23. "会" 字新解

笨笨："爸爸，简化字的'会'字怎么写？"

爸爸："人字下面一个云字。"

笨笨："为什么？"

爸爸："开会的时候别人怎么说你就怎么说，这叫'人云亦云'。"

😊 **读笑话学知识**

爸爸这个"会"字解释的很微妙：人云亦云。我们不要做人云亦云的人，那样的人都是应声虫，没有自己的主见，更没有创造性。别人说什么就是什么，到最后肯定是个平庸的没有出息的人。

24. 有什么就说什么

一天，来了一位客人，爸爸和客人在一边说话，笨笨不停地在他们面前晃来晃去，想要对爸爸说什么但又不好说的样子。爸爸看到后说："笨笨，你有什么话就说，别老在我们面前晃来晃去的，有什么就大声说。"于是笨笨大声地说："妈妈刚来电话说，别留客人在家吃饭。"

读笑话学知识

有什么说什么固然是个诚实的孩子，值得表扬。可是在有些情况下，也不能什么都说。在这个笑话中，笨笨是有什么说什么，可是说出的话却是逐客令，这么直接地赶客人走，肯定伤了客人的自尊心。所以小朋友们在说话的时候，一定要分清场合，要知道什么该说，什么不该说，不能说或者不方便说的话就要有所保留，或者换一种方式委婉地说。

25. 努力

有一阵子笨笨胖得实在不像话，大家常常取笑他。

一天，老师要他们班同学开始在联络簿上记下"每天帮家里做的事"，笨笨怎么也想不出来，最后只好由妈妈代为填写。她在联络簿上写了："每天帮家里吃饭。"

老师的评语是："看得出来，你很努力！"

😊 读笑话学知识

贪吃而又懒惰的笨笨每天在家做的事竟然是吃饭！每天"努力做事"的结果就成了小胖子。那么怎么才能改掉这种坏习惯呢？首先就是要有坚强的意志，对各种美食的诱惑要坚决说不。再有就是要多锻炼身体，夏练三伏冬练三九，每天都坚持锻炼。为了有个好的效果，还可以让爸爸妈妈来监督。

26. 什么是婚姻

四岁的笨笨可爱、聪明、好奇，谁也不知道他的下一个问题是什么。这天，笨笨问爸爸什么是婚姻，爸爸着实被折腾得够呛。最后，精疲力竭的爸爸拿出结婚相册和婚礼录像带给笨笨看，希望直观的视觉会有所帮助。

看完了相册，然后是录像，笨笨看到爸爸和妈妈一起走进结婚礼堂，还有祝贺的人群、乐队、丰盛的婚宴……等笨笨看完，爸爸问道："现在你明白了吗？"

"有点明白了。"笨笨说道，"妈妈就是从那个时候开始来我们家干活的吗？"

☺ 读笑话学知识

婚姻就是爸爸妈妈走到了一起，后来就有了我们，有了这个幸福的家庭。妈妈当然不是专门来我们家干活的。在这个家庭里，爸爸能干，妈妈勤劳，缺了谁都不完整。

27. 标签

刚上小学一年级的笨笨，常在学校遗失许多文具用品。于是妈妈买了许多自贴标签，把他的东西全贴上名字，并郑重地告诉他："贴了你名字的东西，就是你的，以后你的东西就不会丢了，别人捡到也会还给你的。"

妈妈说完之后，笨笨也写了一张标签，贴在妈妈脸颊上，并向爸爸及妹妹宣布："以后妈妈是我的了，你们不许来抢!"

(☺) 读笑话学知识

笨笨真是个自私的孩子，连妈妈都要"据为己有"。人们都说"母子情深"，自己的妈妈是谁都抢不走的，是笨笨在杞人忧天。

28. 照看妹妹

爸爸、妈妈到镇上采购，笨笨负责照看妹妹，他决定带她一同去钓鱼。

"我再也不照看她了！"晚上他告诉妈妈，"我一条鱼也没捉到！"

"是嘛，下次我保证她会很安静，一条鱼也不会吓跑。"妈妈回答道。

笨笨回答说："不是，她把鱼饵都吃了！"

读笑话学知识

　　笨笨怎么能让妹妹吃鱼饵呢？是笨笨不负责。不过，说起钓鱼，古往今来，人们都把钓鱼看做一项有益于身心健康的娱乐活动。古代很多名人、学者都喜爱钓鱼，虽然他们垂钓的目的不相同，但培养高雅的情趣是完全一致的。

29. 不倒翁

某日在家里，笨笨悄悄对妹妹说："我觉得爸爸长得胖胖的，有点儿像不倒翁。"

没想到话一说完，正在跟朋友通电话的爸爸对着电话大声说："没错！没错！我也这么认为。"

笨笨和妹妹听完，笑得眼泪都流出来了，而爸爸挂了电话后却愣在一旁，还不知道发生了什么事呢！

😊 **读笑话学知识**

胖乎乎的爸爸这个不倒翁的形象倒是挺可爱的。不过我们说过，太胖了并不是好事，如果爸爸也有贪吃和不爱活动的坏毛病，为了健康，就应该提醒他节食减肥了。

30. 桌子几岁

久别的姑姑从远方回来，第一次看到笨笨，连忙蹲下身："哟，这就是笨笨吧，告诉姑姑几岁了？"笨笨回答："四岁。"姑姑道："长得真快，就要跟桌子一样高了。"笨笨歪着脑袋想想，问道："妈妈，桌子也是四岁吗？"

😊 **读笑话学知识**

桌子的高度跟年龄没关系，它做出来的时候就是那么高，并且永远也不会长。人的身高也不是随着年龄的增长无限制长高的，只是幼儿和少年期会长得很快，过了青春期基本上就不长了。

31. 如此离题

爸爸："笨笨，我替你写的那篇作文，评上优秀没有？"

笨笨："没有，老师说写得离题了。"

爸爸："不会吧，作文的题不是《我的爸爸》吗？"

笨笨："是啊，可您写的是我爷爷呀！"

😊 读笑话学知识

　　爸爸帮笨笨写作文，结果却阴差阳错写成了笨笨的爷爷。从这一点来看，爸爸不仅比笨笨还笨，而且还是个不称职爸爸。替笨笨写作文不是在帮笨笨，而是在害笨笨。笨笨的作文只能是笨笨自己完成，这样才能有个好成绩，才能锻炼自己独立自主的能力。

六、最搞笑的动物朋友

1. 吃蔬菜的小狼

狼妈妈和狼爸爸对他们的儿子小狼的前途非常担忧，因为小狼总是喜欢吃蔬菜，不喜欢吃肉。有一天他们看到小狼在追一只小白兔，他们很高兴，也追上去想看个究竟。小狼追了很久，终于抓住了小白兔。只听他恶狠狠地对小白兔说："快把胡萝卜都交出来！"

😀 读笑话学知识

小狼去抓兔子，爸爸、妈妈以为它要吃肉了，谁知道它感兴趣的是兔子手里的胡萝卜，真让爸爸、妈妈失望。不过反过来想想，不吃肉的小狼也挺可爱的，不然，小兔子该遭殃了。当然，狼的本性是不会改变的，小狼早晚会像它的爸爸、妈妈一样喜欢上吃肉。

2. 公鸡父子的对话

公鸡儿子："爸爸，我们为什么长着高高的鸡冠?"

公鸡爸爸："这是向敌人展示我们的威严。"

公鸡儿子："那我们的嘴为什么尖尖的?"

公鸡爸爸："这是攻击敌人的武器呀!"

公鸡儿子："那我们的嗓门儿为什么那么高?"

公鸡爸爸："那是为了在气势上压倒敌人。"

公鸡儿子："可是，爸爸……"

公鸡爸爸："你今天是怎么了?"

公鸡儿子："可是，我们那么强悍，怎么会在养鸡场里?"

😊 读笑话学知识

公鸡爸爸倒是很自信，觉得自己挺厉害的，可惜英雄无用武之地。还是公鸡儿子看得明白，它们再厉害，不还是被关在养鸡场里? 哈哈! 这下公鸡爸爸没话说了。世界上最强悍的动物不是公鸡，也不是凶猛的老虎、狮子，而是人。因为人有智慧，只要有了智慧就天下无敌。

3. 大象三明治

一名游客去非洲旅游，迷上了那里的大象，想带一只回家当宠物养。

可是，海关是不会允许他带着大象出境的。

于是，他买来的一头大象，在它两耳上各吊了一片面包，然后若无其事地牵着大象向海关走去。

海关官员拦住这名游客，并问他是否带有应报关物品。

"没有。"游客答道。

"您肯定没有么?"

"当然。"

"那么你身后的这头耳朵上夹着面包片的大象是怎么回事?"

"先生，我的三明治里夹什么东西完全是我自己的私事!"

😊 读笑话学知识

把大象夹在三明治里，那个游客可真够聪明的。只可惜这样的聪明只是小聪明，无论把大象放在哪儿，本质上还是大象，照样得接受海关的检查。

4. 你爹呢

大象被蛇咬了，可蛇飞快地钻进地洞里，大象很郁闷，心想：等到天黑，小样，看你出来不！

这时洞里钻出一蚯蚓，大象"咣"一脚踩上去："小子，你爹呢?"

读笑话学知识

大象把蚯蚓当成蛇的儿子了，这条蚯蚓可真是冤枉。蚯蚓和蛇是完全不同的两个物种，只是形态上有点儿类似。大象肯定不好好学习，它没有这方面的知识，所以才犯下这样的错误。

5. 三只乌龟

三只乌龟来到一家饭馆，要了三份蛋糕。东西刚端上桌，他们发现都没带钱。

大乌龟说：我最大，当然不用回去取钱。

中乌龟说：派小乌龟去最合适。

小乌龟说：我可以回去取钱，但是我走之后，你们谁也不准动我的蛋糕！大乌龟和中乌龟满口答应，小乌龟走了。

因为腹中空空，大乌龟和中乌龟很快将自己的那份蛋糕吃完了。可是，小乌龟迟迟不见踪影。第三天，大乌龟和中乌龟实在饿极了，不约而同地说："咱们还是把小龟的那份吃了吧"。

正当他们要动手吃时，隔壁传来小乌龟的声音："如果你们敢动我的蛋糕，我就不回去取钱了！"

读笑话学知识

大乌龟和中乌龟不讲信用，说好不动小乌龟的蛋糕，最后却没做到。幸亏小乌龟预料到了这样的结果，不然自己的蛋糕就真的让大乌龟和小乌龟吃了。以后小乌龟很有可能不会再相信大乌龟和中乌龟说的话了。做人也是这样，不遵守诺言，就不会得到别人的信任。

6. 不走运的小狮子

一只小狮子被关进了一个小动物园。在身旁的笼子里关着一只疲惫的老狮子，它成天除了躺着睡觉什么也不干。

"狮子怎么能像这个样子！"小狮子自言自语道。于是它向游人吼，奋力想冲破笼子的铁栏杆。饲养员带来一大块肉，扔进老狮子的笼子里头，然后给小狮子一袋坚果和两只香蕉。

"我真不明白这是为什么。"小狮子十分惊讶地对老狮子说，"我像个真正的狮子，而你除了躺着却什么也不干，结果你看，你吃肉，而我只能吃香蕉和坚果！"

"喔，是这么回事。"老狮子好心地告诉它，"这是一个小动物园，他们养不起两只狮子，所以在他们的名册上，你是一只猴子。"

😊 读笑话学知识

小动物园太穷了，养不起新来的小狮子，只能把小狮子当猴子养。可是猴子的生活习性跟狮子完全不一样，猴子不吃肉，狮子不吃肉就不能生存。不知道小狮子能不能活下去，那个动物园的饲养员太不负责任了。

7. 小兔子买面包

一只小白兔高高兴兴地去面包房，说道："叔叔，有100个小面包吗？"

叔叔答道："对不起，我们没有那么多。"

第二天，小白兔又来到面包房，说道："叔叔，有100个小面包吗？"

叔叔答道："对不起，我们没有那么多。"

第三天，小白兔又来到面包房，说道："叔叔，有100个小面包吗？"

叔叔答道："我们连夜加班，正好做出了100个小面包！"

小白兔听了高兴的拿出钱，说道："太好了，我要两个！"

读笑话学知识

小白兔每次去面包房都问有没有100个小面包，卖面包的叔叔以为小白兔是个大客户呢！于是叔叔就连夜加班，等真有了100个小面包，没想到小白兔只要两个，卖面包的叔叔肯定很生气。看起来，小白兔也没有错，因为它开始只是问有没有100个小面包，并没有说要买100个小面包，是小白兔太调皮了，也怪卖面包的叔叔不问清楚，他太相信小白兔了。

8. 忘交电费了

一群萤火虫在空中飞，其中有一只不发光！

另一只很好奇地问他："哥们，你怎么不发光啊？"

不发光的萤火虫回答道："哎，哥们上月忘交电费了！"

😊 读笑话学知识

　　这个笑话中的两个萤火虫是在开玩笑。萤火虫可不像电灯一样，通了电就会发光。在萤火虫体内有一种磷化物，叫做荧光素，荧光素经过催化作用，会引起一连串化学反应，这个反应过程发出的能量只有一小部分转为热能，其余多变为光能。常见萤火虫的光色有黄色、红色及绿色。

9. 蚂蚁郊游

笨笨还有许多功课没做完，就跑出去玩耍。

妈妈在院子的篱笆边找到了笨笨，见他正在看蚂蚁搬运食物。

妈妈教导毛毛："笨笨，你看蚂蚁多勤劳，它们一天到晚做自己的事，从不浪费时间。"

笨笨说："不过，妈妈，我每次到郊外游玩，总是遇到它们。"

☺ 读笑话学知识

笨笨错怪蚂蚁了，蚂蚁在郊外不是为了游玩，它们分布太广泛了。还有很多小朋友不太了解蚂蚁，在这里，我们就简单介绍一下。蚂蚁是地球上最常见的昆虫之一。蚂蚁能生活在任何有它们生存条件的地方，是世界上抗击自然灾害最强的生物。它们通常生活在干燥的地区，但能在水中存活两个星期。蚂蚁的寿命很长，工蚁可生存几星期甚至几年，蚂蚁的首领蚁后，则可存活十几年或几十年。

10. 导盲犬

　　笨笨正要过马路，他看到一个盲人，正带着他的导盲犬也要过马路。绿灯时，那只狗不带它的主人过马路，却在它主人的裤子上尿尿。不料，那盲人却伸手从他的口袋里拿了一片饼干给那只狗。笨笨很惊讶，跟那盲人说："如果那是我的狗，我一定会踢它的屁股。"那盲人非常镇静地回答说："是啊，我是要踢它，但是我必须要先找到它的头啊！"

😊 **读笑话学知识**

　　原来盲人给导盲犬饼干是为了找到导盲犬的头，接着再揍他。导盲犬，是经过严格训练的工作犬，是工作犬的一种。经过训练后的导盲犬可帮助盲人去学校、商店、洗衣店、街心花园等。它们懂得"来""前进""停止"等口令；可以带领盲人安全地走路，当遇到障碍和需要拐弯时，会引导主人停下以免发生危险。

11. 私房钱

狗哭丧着脸说:"考古学家在我家主人的花园里发现了大量的骨头!"

猫说:"那是新发现啊! 你怎么这么悲伤啊?"

狗大声哭到:"那是我的私房钱啊⋯⋯"

😊 **读笑话学知识**

　　狗最喜欢啃骨头,于是就在院子里藏了很多,没想到被考古学家当做文物给挖出来了。在别人看来,这些骨头并没有什么价值,可是在狗看来却很珍贵,所以它很生气。

我的第一本笑话书 全世界孩子都喜欢的
99×2个幽默笑话

12. 没有那么聪明的毛驴

一个聪明人在乡下散步，看到磨房里面一头毛驴在拉磨，脖子上头挂着一串铃铛。于是聪明人向磨房主道："你为何要在毛驴的脖子上挂一串铃铛呢？"

磨房主回答："我打瞌睡的时候，毛驴常常会偷懒，挂上铃铛以后，如果铃铛不响了，我就知道这个畜生又在偷懒了。"

聪明人想了一下，又问："如果毛驴停在原地不动，只是摇头，你又能听到铃声，它又没有干活，那怎么办呢？"

磨房主愣了一下，说："先生，我哪能买到像您这样聪明的毛驴啊！"

😊 读笑话学知识

大人们在讽刺嘲笑别人的时候经常说"笨得跟驴一样"，在人们心中，驴的形象一直很不好。其实驴给人们做出的贡献是很大的。驴性情温驯，吃苦耐劳、听从使役。驴可耕作和乘骑使用。驴每天可耕作 6～7 小时，可耕地 2.5～3 亩。在农村还可乘骑赶集，适于山区驮运及家庭役用。驴肉又是宴席上的珍肴，其肉质细而味美，素有"天上龙肉，地上驴肉"之说。

13. 澳大利亚的蚂蚱

有一个美国人到澳洲去访问，这个美国人很高傲，谁也瞧不起。

一天他来到澳大利亚的一个农场里参观，当看到农场里养的牛时，说："这就是你们这里的牛吗？"陪同人员说："是的"。然后这个美国人说："这也叫牛？我们美国的狗都比这东西大得多。"

这时美国人看到远处有一群袋鼠跳过。然后问陪同人员："这是什么？"陪同人员立即说："这是我们澳大利亚的蚂蚱"。

😊 读笑话学知识

美国人和澳大利亚人在吹牛，比谁国家的动物个头大。澳大利亚的人说他们的蚂蚱就像袋鼠那么大。袋鼠是跳着走路的，说它是蚂蚱也挺形象。袋鼠是澳大利亚的特产，以跳代跑，最高可跳到 4 米，最远可跳至 13 米，可以说是跳得最高、最远的哺乳动物。袋鼠在跳跃过程中用尾巴进行平衡，当它们缓慢走动时，尾巴则可作为第五条腿。袋鼠的尾巴又粗又长，长满肌肉。它既能在袋鼠休息时支撑袋鼠的身体，又能在袋鼠跳跃时帮助袋鼠跳得更快、更远。

14. 小心为妙

小蚊子央求母亲准许他去戏院看戏，苦苦求了半天之后，母亲终于答应了。
"好吧，你可以去。"母亲叮嘱道，"可是人家鼓掌的时候你要当心。"

😊 **读笑话学知识**

　　小蚊子的母亲怕人们鼓掌的时候不小心把小蚊子拍死，所以叫它小心点。在我们的生活当中，蚊子是很常见的一种害虫，几乎每个人都有被蚊子"咬"的不愉快事，事实上应该说被蚊子"刺"到了。蚊子无法张口，所以不会在皮肤上咬一口，它其实是用针状的构造刺进人的皮肤，这些短针就是蚊子吸食人们血液的嘴。通常情况下只有雌性蚊子才以血液作为食物，而雄性蚊子则吸食植物的汁液。吸血的雌蚊是传播登革热、疟疾、黄热病、丝虫病、脑炎等疾病的罪魁祸首。除南极洲外，各大洲皆有蚊子的分布。蚊子属"四害"之一，其平均寿命不长，雌性为 3~100 天，雄性为 10~20 天。

15. 鳄鱼的大嘴

动物园的管理员站在张开血盆大口的鳄鱼前面，一个劲地往他嘴里看。

过路的游客问："鳄鱼怎么了？"

管理员说："还不清楚。医生到他嘴里去了之后，已有半小时没有出来了。"

读笑话学知识

给鳄鱼看病的医生是被鳄鱼吃掉了，永远也不会出来了。人们的心目中，鳄鱼就是"恶鱼"。一提到鳄鱼，立刻会想到血盆大口，密布的尖利牙齿，全身坚硬的盔甲，时刻准备吃人的神态。它的视觉、听觉都很敏锐，外貌笨拙其实动作十分灵活。鳄鱼长这副模样就是为了吃肉，所有的动物包括人都是它的食物，再凶猛的动物见了它也只能以守为攻主动避让，绝不敢轻易招惹它。

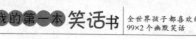

16. 抵账

老虎欲捕食猴子，猴子说："我身子小，没有肉，不够你吃。前面山上有一个大兽，可以让你饱餐一顿，我带你去。"

说完，它们一同来到前山。一只大梅花鹿见了，知道老虎想吃猴子，就想帮它，于是大喝一声："你这小猴子，说了送给我十二张虎皮，今天才拿一张来，还有十一张呢？"

虎大吃一惊，急忙逃跑，嘴里骂道："这小猴子太可恶了，竟然拐骗我来抵旧账！"

😊 读笑话学知识

小猴子真聪明，在最危险的时刻，想出了好办法救了自己一命。只要肯动脑筋，老虎也没什么好怕的。小朋友们如果遇到危急情况，也要学小猴子，不要慌张，要冷静思考，一定会有解决问题的好办法。

17. 没有堵车的烦恼

　　蜗牛妈妈背着一只小蜗牛在马路上爬行，最后到达了目的地，而与它们同时启程的小汽车却姗姗来迟。

　　小蜗牛很奇怪，就问："妈妈，怎么汽车没我们快啊？"

　　蜗牛妈妈答道："孩子，我们没有堵车的烦恼。"

读笑话学知识

　　蜗牛虽然爬得慢，但因为个头小，有个缝隙就能过去，所以不存在堵车的情况。汽车虽然跑得快，可是一旦堵起车来就寸步难行。

18. 母鸡"开花"

　　笨笨去乡下祖母家。一天，他在花园里玩耍，看见一只孔雀，他从来没有见过这种鸟，望了一阵子后，得意地跑进屋里叫道："奶奶，快来看啊，你家有一只母鸡正在开花！"

　　😊 **读笑话学知识**

　　孔雀开屏了，可是笨笨不认识孔雀，以为是母鸡"开花"了。当然，不是所有的孔雀都能开屏，能够自然开屏的是雄孔雀。雄孔雀身体内的生殖腺分泌性激素，刺激大脑，展开尾屏。春天是孔雀产卵繁殖后代的季节，于是，雄孔雀就展开它那五彩缤纷、色泽艳丽的尾屏，还不停地做出各种各样优美的舞蹈动作，向雌孔雀炫耀自己的美丽，以此吸引雌孔雀。待到它求偶成功之后，便与雌孔雀一起产卵育雏。

19. 存包

熊猫遇到从超市里怒气冲冲出来的袋鼠，问道："怎么了？气成这样。"袋鼠喘着气说："它们不许我进，非让我先存包！"

😊 **读笑话学知识**

袋鼠身上的"包"就是它的育儿袋，那是袋鼠的特征，是与生俱来的，也不能卸下来去存"包"。所有雌性袋鼠都长有前开的育儿袋，育儿袋里有四个乳头。小袋鼠就在育儿袋里被抚养长大，直到它们能在外部世界生存。

20. 蚊子打灯笼

笨笨和爸爸去郊外野营，结果整晚都被蚊子咬。最后爸爸说："用被子蒙住头，蚊子就咬不到我们了。"过了一会儿，笨笨伸出头来呼吸新鲜的空气，这时他看见了以前从未见的萤火虫，于是他叫道："上帝啊！蒙住头也没有用，蚊子打着灯笼找我们呢。"

读笑话学知识

笨笨把发光的萤火虫当成打灯笼的蚊子了。其实萤火虫跟蚊子不一样，萤火虫不是害虫，它不咬人，除了喝露水和食用花粉，它从不吃别的东西。

21. 外语的重要性

　　一只母老鼠带着几只小老鼠在草地里漫步，突然来了一只猫，小老鼠吓得全都躲了起来，只有母老鼠沉着冷静，没有躲开。眼看猫越走越近，小老鼠们非常害怕。就在这时，母老鼠学了一声狗叫，猫不知其中有诈，调头跑了。等猫跑远了，小老鼠一个个胆战心惊的走出来，望着它们的妈妈，等所有的小老鼠都到齐了，母老鼠才语重心长地教导小老鼠："孩子们，掌握一门外语是多么得重要啊！"

读笑话学知识

　　母老鼠用事实给小老鼠们上了重要的一课：学习一门外语很重要。其实，不仅仅是学习外语，只要是有用的知识，就都值得我们去学习。大人们常说"艺多不压身"，意思就是学习再多的知识也不会把身体压垮，不要等到有用的时候才想起去学习。所以小朋友们从现在开始就应该努力学习，以后肯定会大有出息。

22. 蜗牛的疑问

笨笨正在家坐着，这时听到敲门声。他打开门看见一只蜗牛站在门口。他拾起蜗牛，"嗖"的一下扔得老远。三年后的一天，传来敲门声。笨笨打开门又看见那只蜗牛。蜗牛慢悠悠地说："你刚才怎么回事？"

😊 读笑话学知识

大家都知道，蜗牛爬行的速度是很慢的，慢到什么程度呢？笨笨把一只蜗牛扔出去以后，它竟然用了三年的时间才爬回来。对蜗牛来说，这个速度很正常，三年的时间不过是很短的时间，所以它才问笨笨"刚才怎么回事"。等蜗牛爬回来的时候，笨笨可能早就把它给忘了。

23. 天鹅的红牌

动物们在进行一场运动会。乌龟、螃蟹、青蛙坚决不让天鹅做裁判。

有些动物不理解："天鹅人品很好，公平公正，为什么不能做裁判？"

乌龟、螃蟹、青蛙回答说："天鹅一抬脚掌，我们就以为她要举红牌呢！"

😊 **读笑话学知识**

天鹅脚掌是红颜色的，所以它一抬脚就跟举了一张红牌一样。其实，不仅是天鹅，很多鹅类都是红脚掌。不是有一首诗这样说吗：鹅鹅鹅，曲项向天歌，白毛浮绿水，红掌拨清波。

24. 过敏的青蛙

有一天，一只青蛙亲了兔子一口撒腿就跑，兔子紧追，青蛙情急之下跳进了池塘。不一会儿，一只癞蛤蟆爬了出来，兔子大笑：哈哈，看你一身鸡皮疙瘩，过敏了吧！

读笑话学知识

兔子只认识青蛙，不认识癞蛤蟆，看到癞蛤蟆就以为是起了鸡皮疙瘩的青蛙。癞蛤蟆学名叫蟾蜍，蟾蜍皮肤粗糙，外形有点像青蛙，背面长满了大大小小的疙瘩，这些是蟾蜍的皮脂腺，其中最大的一对是位于头侧鼓膜上方的耳后腺。这些腺体分泌的白色毒液，是制作蟾酥（蟾酥是一种名贵的中药材）的原料。

25. 蚂蚁大象办酒席

蚂蚁和大象准备结婚，大象跟蚂蚁商量："咱们是不是就不办酒席了？"蚂蚁问道："为什么？"大象看了看厚厚一本书的客人名单道："你们家的亲戚实在太多了啊！"蚂蚁哼了一声道："我们家的亲戚多怎么了，我们家这么多亲戚加起来还不顶你们家一个亲戚吃得多呢。"

 读笑话学知识

蚂蚁数量多，大象个头大，这样来说也比较公平。小朋友们知不知道为什么蚂蚁的亲戚多吗？因为蚂蚁是群居动物，有的是几万只蚂蚁共同生活在一个巢穴里。蚂蚁在世界各个角落都能存活，其秘诀就在于它们生活在一个非常有组织的群体中，它们一起工作，一起建筑巢穴，使它们的卵与后代能在其中安全成长。

26. 鹦鹉求救

一天，警察局接到一个电话，对方的声音非常紧急。

"先生！救命！快点救命！"

"小姐，你慢慢说，到底发生了什么事？"

"有只猫爬进我家来了！"

"一只猫爬进来应该不是很大的问题！"

"不行！不行！这猫很危险！猫很危险！"

"小姐，别怕，猫真的不危险……"

"先生，你这里到底是不是警察局？是警察局的话，我打电话叫你，你就要来救我！快点！猫已经进来了，很危险！"

"小姐，你到底是谁？"

"我是鹦鹉！我是鹦鹉！"

读笑话学知识

这只鹦鹉真聪明，遇到了危险知道报警求助。小朋友要向鹦鹉学习，有困难了不要蛮干，可以向大人求助，在大人的不在身边的时候可以拨打报警电话向警察叔叔求助。还记得报警电话是多少吗？对了，是110。拨打报警电话的时候不要慌，把事情和地点说清楚，这样警察叔叔才能更快地找到你。

27. 惩罚

一个小伙子收到一件生日礼物，是一只会说话的鹦鹉。可是很快发现这只鹦鹉满嘴脏话，非常粗鲁。

他决心改变这只鹦鹉，每天对它说礼貌用语，教它文明的词汇，放轻柔的音乐，可是一点儿作用也没有，鹦鹉仍是满嘴下流话。

他生气地冲鹦鹉喊，鹦鹉冲着他喊得更响。

他气愤到了极点，把鹦鹉连笼子一起扔进冰箱里，关上了冰箱门。他听见鹦鹉在里面扑腾、叫喊、咒骂。

突然，安静下来了，一点声儿也没有了。他担心真把鹦鹉给冻坏了，就打开冰箱门，把鹦鹉提了出来。

鹦鹉显得十分平静，用非常诚恳的口气说："很抱歉，主人，我惹你生气了，以前是我不对，全是我的错，我决定痛改前非，再不说脏话了，希望你能够原谅我。"

小伙子惊诧于鹦鹉的转变，还没来得及说什么，鹦鹉接着问道："我能问问里面那只鸡，它究竟做错了什么？"

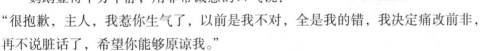
读笑话学知识

冰箱里的鸡可不是因为说脏话，也不是因为犯了什么错才被关进冰箱的，它是作为食物被放进冰箱的。而鹦鹉却对此一无所知，还以为那只鸡跟自己一样也是犯了什么错误呢。不管怎样，鹦鹉说脏话是不对的，的确应该受到惩罚。小朋友们平时也不要说脏话，更不要养成这样的习惯，说脏话的孩子会让人看不起的。

28. 犄角的问题

有个人路过麦田，发现有头没有犄角的"牛"，便问农民："这头牛为什么没有犄角？"

农夫说："牛没有犄角的原因很多，有的是因为遗传，有的是因为和别的牛顶角而失去了，有的是因病脱落了。"农夫停了一下接着说，"而这头，没有犄角，那是因为它是一头驴。"

😊 读笑话学知识

驴跟牛不一样，驴生来就不会长犄角。笑话里的那个人真是笨到了极点，看到一头驴竟以为是一头没有犄角的牛。

29. 鱼最劳苦

甲、乙、丙三个小孩在谈论着什么。

甲孩发问道："世界上最劳苦的动物是什么?"

乙孩说道："不消说,当然是牛、马最劳苦了。"

丙孩说道："据我看来,最劳苦的动物莫过于鱼了。"

大家听了很是疑惑,问他:"这是怎么说?"

丙孩答道："牛、马虽然劳苦,晚上还有睡觉的地方,像鱼整天在水里来来往往的游泳,没有睡觉的地方,岂不是最劳苦的吗?"

😊 **读笑话学知识**

人需要睡眠,鱼同样也需要睡眠。如同人有各种睡觉姿势一样,鱼也有各种各样的睡觉方法。仔细观察我们饲养的金鱼,你就会发现,它们到了夜晚就会躲到鱼缸内的小假山、水草里等暗处一动不动。这就是金鱼睡觉时的状态。

参考文献

［1］ 方方．少儿笑话［M］．北京：中国言实出版社，2010．

［2］ 李秀侠．笑话故事［M］．北京：世界知识出版社，2008．

［3］ 赵静，等．儿童经典笑话大全［M］．沈阳：辽宁少年儿童出版社，2010．

［4］ 张长春．笑话故事［M］．延吉：延边人民出版社，2010．

［5］ 钟明．动物笑话［M］．北京：金盾出版社，2007．

［6］ 陈佳．幽默笑话［M］．乌鲁木齐：新疆人民出版社，2009．

［7］ 何岩，荣光．幼读笑话100篇［M］．石家庄：花山文艺出版社，1998．

［8］ 杨畅，杨碧霞．少儿幽默笑话选编［M］．北京：金盾出版社，2001．